Hans Landesmann

»Ohne Musik wäre das Leben ein Irrtum«

Erinnerungen

Aufgezeichnet von
Karl Harb

Paul Zsolnay Verlag

Der Titel ist ein Zitat aus
Friedrich Nietzsches »Götzen-Dämmerung«,
Abteilung »Sprüche und Pfeile«, 1888/89.

1 2 3 4 5 15 14 13 12 11

ISBN 978-3-552-05529-2

Satz: Eva Kaltenbrunner-Dorfinger, Wien
Druck und Bindung: Friedrich Pustet, Regensburg
Printed in Germany

*»Ohne Musik wäre
das Leben ein Irrtum«*

In der Vadász utca, einer ruhigen Seitenstraße im Zentrum von Budapest, unweit vom Parlament, steht ein Gebäude, das heute nur noch wenig von seinem ehemaligen Prunk erkennen lässt. 1930 hatte der Glas- und Spiegelgroßhändler Arthur Weiss, ein entfernter Verwandter unserer Familie, zusammen mit seinem Vater Gyula den einst prachtvollen Bau mit farbigen Marmorwänden und riesigen Spiegeln im Treppenhaus vom damals wohl bedeutendsten Architekten Ungarns, Lajos Kozma, als modernes Geschäftshaus errichten lassen, nachdem der ehemalige, an derselben Stelle gelegene Firmensitz abgebrannt war. Zwei Glasfronten gegen die Straße und zum Hof bildeten eine spektakuläre Fassade und trugen dem Haus seinen Namen ein: *üvegház*, Glashaus.

Diesem Haus habe ich, ein jüdisches Kind im Budapest von 1944, mein Überleben zu verdanken.

Ungarn hatte zwar schon 1938 antisemitische Gesetze erlassen, die jedoch im Vergleich mit dem, was in Deutschland vor sich ging, relativ gemäßigt waren. Auch wenn der rechtliche Status der Juden Schritt für Schritt schlechter wurde, war Budapest bis ein Jahr vor Kriegsende die letzte Hauptstadt Europas, die unter dem Einfluss des »Dritten Reichs« stand, in der die Synagogen noch ungehindert aufgesucht werden konnten. Und in Ungarn blieb es bis zum endgültigen Einmarsch der Deutschen am 19. März 1944, einem schönen, sonnigen Sonntag, verhältnismäßig ruhig.

Als die faschistischen ungarischen Pfeilkreuzler als willfährige Erfüllungsgehilfen der Nationalsozialisten mit Judendeportationen begannen, waren es vor allem zwei ausländische Diplomaten, die alles in ihren Kräften Stehende unternahmen, um möglichst viele Menschenleben zu retten: der schwedische Botschafter Raoul Wallenberg und der Schweizer Vizekonsul Carl Lutz. Beide ermöglichten die Rettung Zehntausender ungarischer Juden in Budapest. Nachdem Wallenberg 1944 an die schwedische Gesandtschaft in Budapest gekommen war, organisierte er von dort aus eine einzigartige Rettungsaktion: Mithilfe seines diplomatischen Status verteilte er sogenannte Schutzpässe, die deren Inhaber als schwedische Staatsangehörige auswiesen, die ihre Repatriierung in Schweden erwarten durften. Obwohl diese Dokumente keinen völkerrechtlich verbindlichen Status hatten, wurden sie von den ungarischen und deutschen Behörden weitgehend anerkannt. Inwieweit da auch mit anderen Hilfsmitteln nachgebessert werden musste, bleibe hier für uns, als glücklich Gerettete, dahingestellt. Jedenfalls wurden ähnliche Dokumente auch von der Schweiz und vom Vatikan ausgegeben. Gemeinsam mit dem Schweizer Carl Lutz organisierte Wallenberg die Unterbringung von Juden in rund dreißig Schutzhäusern, die großteils schwedische Decknamen bekamen, zur Tarnung etwa »Schwedisches Forschungsinstitut« hießen oder ähnliche offiziell anmutende Namen erhielten. Schwedische Flaggen an den Gebäuden suggerierten zusätzlich noch den quasi exterritorialen Status. Rund um das Budapester Ghetto, das um die Dohány-Synagoge lag, gab es solche Schutzhäuser nicht nur von Schweden, sondern auch von Spanien und Portugal, von den sogenannten neutralen Ländern Europas, wenn ich mich richtig erinnere, sogar eines von Costa Rica. Wer hier unterkommen konnte, war sicherlich in einer etwas besseren Situation. Wallenberg und Lutz konnten mithilfe weiterer Diplomaten die Grundversorgung sicherstellen, Lebensmittel verteilen, in jedem Schutzhaus auch eine

Krankenstation einrichten. Aber seines Lebens wirklich sicher sein, das konnte man trotzdem nicht. Man weiß, dass von den etwa 800 000 Juden, die vor dem Krieg in Ungarn gelebt hatten, nur etwa 200 000 beim Einmarsch der Roten Armee noch am Leben waren.

Wir selbst hatten eine Zeitlang in einem schwedischen Schutzhaus Unterschlupf gefunden, weil mein Vater dachte, dass die große Zahl von Juden, die im Glashaus untergekommen waren, ein willkommener Angriffspunkt für die Pfeilkreuzler sein würde. Er fand, dass wir in dem schwedischen Haus sicherer seien. Ende Dezember 1944 oder Anfang Jänner 1945 haben wir erfahren, dass die Pfeilkreuzler und die SS die von Wallenberg ausgestellten Pässe nicht mehr akzeptierten. Er hatte das mit den Deutschen vereinbarte Kontingent überschritten, weil er dachte, der Krieg würde schneller zu Ende sein. Um der Gefahr, dort Schwierigkeiten zu bekommen, zu entgehen, sind mein Vater, mein Bruder und ich dann ins Glashaus gezogen; meine Großmutter blieb im schwedischen Haus, das an der Pozsonyi utca lag. Als wir uns auf den Weg machten, konnten wir sehen: Teile von Budapest standen in Flammen, auf der Straße lagen tote Pferde. Um mich zu schützen, ging mein Bruder etwa fünfzig Meter vor mir her – aber Gott sei Dank sind wir heil im Glashaus angekommen.

1944 stellte Arthur Weiss dieses Glashaus dem Auswanderungsbüro für Palästina zur Verfügung. Mit dieser Auswanderungsabteilung arbeitete Carl Lutz eng zusammen. Ab Sommer 1944 wurden von dort aus durch Hunderte Freiwillige Dokumente beschafft und Schutzbriefe ausgestellt. Zugleich diente das Gebäude, das wir Schweizerhaus nannten, von Sommer 1944 bis Jänner 1945 für zwei- bis dreitausend Juden als Unterschlupf. So wurde es zum Zentrum der Judenrettung, die von der zionistischen Bewegung mit unterstützt wurde.

Obwohl immer wieder mit Pfeilkreuzler-Überfällen gerechnet werden musste, konnte das Auswanderungsbüro funktionell arbeiten. Es gab auch eine illegale Druckerei, die Flugblätter herstellte: eine hochgefährliche Zelle jüdischen Widerstands, die Arthur Weiss ermöglichte und deckte.

Eine zeitgenössische Fotografie zeigt, wie viele Menschen vor dem Glashaus auf der Straße standen, in der Hoffnung, noch Einlass zu bekommen. Die Pfeilkreuzler versuchten immer wieder, die Bewohner und die Menschentrauben vor dem Haus zu schikanieren und zu überfallen. Zu Silvester 1944 drangen etwa fünfzig Pfeilkreuzler ins Haus ein und trieben sechshundert Juden an die Donau, um sie dort zu erschießen. In letzter Minute gelang es dem wütend auf das immer noch geltende Recht pochenden Glasfabrikanten Weiss, die Aktion zu stoppen. Er verwies darauf, dass es sich beim Glashaus um exterritoriales Schweizer Gebiet handle, das Ministerium entsandte ungarische Truppen zur Hilfe, die Aktion wurde beendet.

Arthur Weiss aber wurde tags darauf aus seinem Haus geholt, in die Zentrale der Pfeilkreuzler gebracht und dort zu Tode gequält. Man kann es ohne Übertreibung sagen: Er starb einen Opfertod. Vom Schicksal aber, das sich hier für Hunderte Juden, so oder so, erfüllte, künden zwei Gedenktafeln und ein kleines, nur zwei Räume umfassendes Museum.

In diesem Glashaus fanden mein Bruder und ich Asyl, nachdem Peter und ich – das muss im Frühsommer 1944 gewesen sein – einige Zeit in einem Salesianerkloster versteckt gewesen waren. Der Prior des Klosters wusste natürlich von unserer Herkunft. Es war sogar ein bestimmtes Zeichen verabredet,

Üvegház in der Vadász utca, Budapest

auf das hin wir uns sofort verstecken sollten. Unser Glück war dabei gewiss, dass wir nicht prononciert »jüdisch« aussahen, mein Bruder zum Beispiel war blond und blauäugig.

Eines Tages bekam er von einem jungen Burschen zu hören: Pass auf! Halt die Augen offen, da sind offenbar Juden im Kloster versteckt! Peter ergriff daraufhin unverzüglich die Initiative und beschloss, wir sollten hier nicht länger bleiben und sofort verschwinden. Wir hatten mit dem Vater und der Großmutter ausgemacht, uns im Fall des Falles bei einer befreundeten Familie zu melden, wo man uns – zusammen mit einem Ehepaar – vorübergehend versteckte. Als Pfeilkreuzler die Villa durchsuchten – Gott sei Dank fanden sie uns nicht –, wurde die Situation aber doch zu gefährlich. Wir banden Leintücher zusammen, seilten uns ab und flüchteten zu Konsul Lutz ins

Schweizerhaus, wo auch schon unsere Großmutter war. Ich erinnere mich noch daran, dass die Menschen im Glashaus wie Sardinen in einer Büchse zusammengepfercht lebten. Wir hatten es insofern bequemer, als wir – dank unserer Verwandtschaft mit dem Hausbesitzer – in der Dienstwohnung von Arthur Weiss leben konnten. Aber insgesamt war das Haus vom Keller bis zum Dach voll mit Menschen. In der großen Halle neben dem Glashaus, wo einst die verschiedenen Glassorten und -formate gelagert worden waren, waren zudem Betten oder Pritschen aufgestellt.

Kurz nachdem wir das Salesianerkloster, in dem mein Bruder zur besseren Tarnung sogar ministrierte, verlassen hatten, stürmten es Pfeilkreuzler, musterten die jüdischen Kinder aus und brachten auch etliche Priester, die die Kinder beschützt hatten, zum Donauufer, um sie dort zu erschießen. Zur Erinnerung an diese furchtbare Tat steht an diesem Platz nun ein kleines Mahnmal: in Bronze gegossene Schuhe. Man hatte damals die Kinder und die Erwachsenen gezwungen, vor ihrer Ermordung noch die Schuhe auszuziehen, die wollten die Pfeilkreuzler sich selber aneignen. Über sechzig Jahre später stand ich vor diesem Denkmal, sah diese Schuhe, sah die Gesichter von Kindern vor mir, mit denen ich damals zusammen gewesen war, und stellte mir vor, wie sie hier standen in ihrer Angst und dass ich nur durch ein bisschen Glück und die Aufmerksamkeit und Tatkraft meines Bruders diesem Schicksal entgangen war. Ich habe später im Schweizerhaus auch selbst ganz direkt erleben müssen, wie Pfeilkreuzler sechs Menschen erschossen. Aber diese Kinder, die kann ich nicht mehr vergessen, seit ich das kleine Denkmal im Sommer 2007 am Donauufer in Budapest gesehen habe.

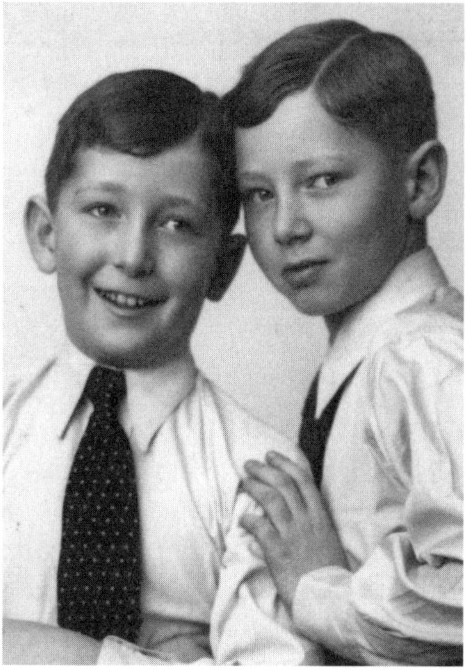

Hans und Peter Landesmann

In unserer Familie haben wir nie systematisch Ahnenforschung betrieben. Doch ich weiß zumindest, dass unsere Vorfahren aus Mähren stammten und von dort nach Nordostungarn einwanderten, wo es eine traditionell sehr starke jüdische Gemeinde gab. Mein Großvater, Mark Landesmann, betrieb einen Viehhandel. Er etablierte sich im Geschäft und zog dann 1906 als bereits gutsituierter Geschäftsmann mit seiner Familie nach Budapest, wo er das Unternehmen Mark Landesmann & Söhne gründete. Von meiner Großmutter weiß ich nur so viel, dass sie vier Kinder gebar, drei Söhne und eine Tochter, und bei der Geburt des jüngsten Sohnes im Kindbett

Rinderhalle in Wien-St. Marx, um 1930

starb. Aus einer zweiten Ehe, die mein Großvater einging, stammten noch ein Mädchen und ein Junge. Die Familie dieser Frau kam aus Nagymihály, das heute Michalovce heißt und in der Slowakei liegt.

Mein Vater, Alexander, war der zweitälteste Sohn von Mark und Johanna Landesmann, geborene Moskovicz. Wie seinen drei Brüdern war es ihm bestimmt, ins Viehhandelsgeschäft einzutreten. Das Wort Viehhändler hat einen gewissen derben, deftigen Beigeschmack; eigentlich aber war die Aufgabe, die wir im Handel zu erfüllen hatten, die eines Kommissärs. Wir kauften und verkauften das Vieh nicht auf eigene Rechnung, sondern waren von sogenannten Einsendern, die Rinder, Schweine oder Schafe von den Gutsbetrieben brachten, beauftragt, das Lebendvieh in Kommission zu nehmen und in ihrem Auftrag zu veräußern. Dafür kassierten wir als Händler dann Provisionen. Dieses Geschäft lief deswegen gut, weil es im agrarischen Ungarn zahlreiche Güter gab, auch Großgrundbesitzungen von Aristokraten, etwa Paul von Esterházy, die sich unserem Unternehmen anvertrauten. Mein Vater hatte vom Grafen Esterházy ein Gut in Nordungarn gepachtet und musste sich einmal monatlich vorstellen, um über die verschiedensten Dinge, die Ernte und weiß Gott was, zu berichten. Das war keine Beziehung zwischen Herr und Diener; Paul Esterházy war ein sehr liberaler Mensch, und es kam durchaus zu so etwas wie einer Freundschaft zwischen den beiden. Auch mit der Bevölkerung in der Gegend hatten wir gute Kontakte.

Dank des Handelsgeschicks meines Großvaters strahlte der Budapester Zentralbetrieb bald weit über die Grenzen hinaus aus. Ab 1920 wurden sukzessive Filialen eröffnet: In Wien baute sie mein Vater auf, dazu kamen noch Zweigstellen in Prag, Mährisch-Ostrau, Triest und Fiume, dem heutigen Rijeka, das ein Haupthafen für ungarische Waren war. Außerdem führte der Konzern Büros in Mailand und Paris. So konnten wir Lebendvieh aus Ungarn in halb Europa vermarkten, und die Zulieferer schenkten uns wegen dieser weitverzweigten Standorte ihr Vertrauen, weil wir am besten wussten, wo der günstigste Preis zu erwarten sei. Wir waren also in einem heutigen Sinn schon damals Global Player.

Vor allem die Wiener Filiale, die mein Vater 1926 zunächst als Teilhaber an einer anderen Firma, dann als Eigentümer aufgebaut hatte, entwickelte sich außerordentlich gut.

Zwei Jahre später, 1928, heiratete mein Vater Klara Grünstein. Von meinen Vorfahren mütterlicherseits weiß ich wenig. Mir ist nur bekannt, dass 1864, als es Juden gestattet war, in

Ungarn Landwirtschaftsbetriebe zu erwerben, mein Urgroßvater einen solchen Betrieb in der Nähe von Miskolc kaufte. Mein Großvater mütterlicherseits, Ödön Grünstein, diente im österreichisch-ungarischen Heer und war im Ersten Weltkrieg Kavallerieoffizier. Das war im Übrigen nicht ungewöhnlich, denn im Militär der Monarchie waren höhere Chargen für Juden ohne weiteres möglich. Man duldete dort auch keinen – offenen – Antisemitismus; wenn es ihn gab, war er nicht wirklich spürbar. Ich habe kaum eine Erinnerung an diesen Großvater, höchstens die, dass er eine Art ungarischer Magnat war; sein ganzes Dorf stand unter seiner Ägide.

Meine Mutter stammte also von jenem nordungarischen Gut, das mein Urgroßvater gekauft hatte und das einer unserer Einsender bewirtschaftete, eben Ödön Grünstein. Irgendwie kamen die Familien überein, dass mein Vater und die Grünstein-Tochter heiraten sollten. Die Verbindung als reine Vernunftehe zu bezeichnen, fällt mir dennoch schwer. Es war, glaube ich, mehr als das, es war durchaus eine Liebesheirat; jedenfalls führten meine Eltern eine sehr gute, harmonische Ehe, bis meine Mutter im April 1944, mitten in den Kriegswirren, an Krebs starb. Der Verbindung entsprossen zwei Söhne, mein Bruder Peter, geboren 1929, und ich, geboren am 1. März 1932.

Unser Wiener Elternhaus war von großbürgerlichem, wohlhabendem Zuschnitt. Wir lebten angesehen und bequem in schönem Komfort, hatten eine Köchin, ein Kindermädchen, ein Stubenmädchen, die bei uns wohnten, mein Vater fuhr mit Chauffeur. Gelegentlich konnten wir ihn auch begleiten, wenn er zu den Einsendern fahren musste, oder wir machten Familienausflüge auf den Semmering oder nach Baden. Er war jedenfalls ganz der erfolgreiche Kaufmann. Und immer ein äu-

Klara Landesmann, geborene Grünstein

ßerst liebenswürdiger Mensch, der sich aber um uns Kinder relativ wenig kümmerte. Das soll aber nicht heißen, er hätte uns nicht geliebt. Für einen Gutenachtkuss war er immer da.

Die Erziehung war naturgemäß Aufgabe der Mutter, die ausgezeichnet Klavier spielte, sehr belesen war (ein Vorzug, den sie mit meinem Vater teilte), gerne in die Oper und ins Konzert ging, also eine ausgesprochen musische Ader hatte. Das lag auch in ihrer Familie. Ihre Schwester hatte sogar eine Pianistinnenkarriere im Auge gehabt, wozu es dann aber nicht gekommen war. Auch in der Familie meines Vaters gab es

Künstlerblut. Seine Halbschwester heiratete Paul Javor, einen berühmten ungarischen Schauspieler. Man nannte ihn den ungarischen Clark Gable; von 1930 an war er zwei Jahrzehnte lang in Dutzenden Filmen als eleganter Charakterdarsteller zu sehen, vornehmlich in Romanzen und Komödien. »Donauschiffer« (mit Attila Hörbiger und Hilde Krahl), »Sein letztes Modell« oder »Der große Caruso« sind auch im deutschen Sprachraum bekannt geworden. Durch ihn kamen wir sehr früh mit dem Theater, dem Film und dem Kino in Berührung.

Meine Mutter nahm uns schon sehr früh in die Oper und zu Konzerten mit, wahrscheinlich weil sie nicht wollte, dass wir nur mit Kaufmännischem zu tun hätten. Ich hatte später sogar den Wunsch, Pianist zu werden, studierte an der Akademie und war Schüler von Professor Richard Hauser. Mein Vater hat mein Talent wohl anerkannt, aber er glaubte nicht, dass Pianist ein wirklicher Beruf sei. Also hat er es sehr gefördert, als ich zum Studium anderer Fächer ins Ausland gehen wollte. Aber das ist eine spätere Geschichte.

Unsere Mietwohnung lag im dritten Bezirk in Wien, am Esteplatz, zwischen Landstraße und Stadtpark. Hauseigentümerin war die Anglo-Elementar-Versicherung, die auch unsere Geschäftsversicherung war. Wir wohnten im zweiten Stock in sechs oder sieben geräumigen Zimmern, in einem Umfeld wohlhabender Bewohner. Ob das alles Juden waren, kann ich nicht mehr sagen, aber ich las in neueren Forschungen, in einem Erinnerungsbuch für die ehemaligen jüdischen Bewohner des dritten Bezirks im Bezirksmuseum Landstraße gebe es besonders viele Eintragungen über jüdische Bewohner am Esteplatz. 1939 wurde dort ein Massenquartier errichtet, in das auch die Großmutter der Schriftstellerin Ilse Aichinger nach ihrer Delogierung eingewiesen wurde, ehe sie deportiert wurde.

Am Esteplatz sieht man heute noch sehr schön die geschlossene Platzanlage und erkennt das secessionistische Formenvokabular des Otto-Wagner-Schülers Joseph Hackhofer, der die repräsentative Anlage 1912/13 schuf. In unserem Haus sind jetzt noch im Foyer typische Messingdekorationen zu finden, die Merkmale der Wiener Werkstätte tragen. Gegenüber liegt das prächtige Haus, wo die Handelsakademie der Wiener Kaufmannschaft untergebracht war (heute ist dort das Arbeitsmarktservice AMS); der legendäre Jerusalemer Bürgermeister Teddy Kollek ging dort zur Schule.

Als mein Vater gleich nach Ende des Zweiten Weltkrieges nach Wien zurückkehrte, nahm er diese Wohnung wieder in Besitz. Sie gehörte inzwischen unserem »Ariseur«, einem gewissen Kapellmeister Schmidt. Er wurde von den Russen aus der Wohnung verwiesen, doch bat seine Frau, weil sie so krank sei, doch in einem der Zimmer wohnen bleiben zu dürfen. Das erlaubte ihr mein Vater, nicht ahnend, dass der Kapellmeister damit eine Handhabe hatte, meinen Vater auf Besitzstörung zu klagen. 1946 oder 1947 – inzwischen waren wir alle wieder aus Ungarn zurückgekehrt – kam es zu einem aufsehenerregenden Prozess, den Schmidt gewann. Eines Tages stand ein Lkw vor dem Haus, und wir mussten die Wohnung auf richterlichen Befehl räumen. Das ging so schnell, dass wir gar nichts vorbereiten konnten. Mein Vater musste etwas geahnt haben, jedenfalls hatte er eine Ersatzwohnung in der Reisnerstraße aufgetrieben, wohin wir übersiedeln konnten.

Später erfuhren wir, Kapellmeister Schmidt habe das Geld für die Miete nicht aufbringen können und sei selbst von der Hauseigentümerin delogiert worden. Die Versicherung bot uns sogar an, wir könnten wieder in die Wohnung am Esteplatz ziehen, doch mein Vater wollte nicht mehr. Ihn hatte das alles seelisch und körperlich stark mitgenommen.

Das alles geschah viel später; unsere frühe Kindheit wusste nichts von diesen Schatten. Damals, Mitte der 1930er Jahre, gingen wir mit unserem Kinderfräulein oft in den nahe gelegenen Stadtpark; viel deutlicher aber kann ich mich daran erinnern, dass wir immer Kanarienvögel zu Hause im Käfig hatten. Und wenn wieder einmal einer gestorben war – vielleicht haben wir da sogar absichtlich ein wenig nachgeholfen? –, bestatteten wir ihn auf der noch heute existierenden Grünfläche vor unserem Haus und veranstalteten dabei eine kleine Zeremonie. So entstanden innerhalb einiger Jahre vier oder fünf Kanariengräber.

An einer Ecke des Platzes gab es einen Kindergarten, in dem ich mit fünf Jahren eingeschrieben wurde. Da fand ich bald Freunde, und ich erinnere mich, dass wir dort viel Musik gemacht haben – und an die traurige Stimmung des Abschieds, als wir schon ein Jahr später Wien verlassen mussten.

Zu Hause sprachen wir immer Deutsch, das meine Eltern trotz ihrer ungarischen Herkunft perfekt beherrschten. Mit meinem Bruder unterhielt ich mich sogar im Wiener Dialekt. Das ging damals ganz ohne Probleme, nach dem Krieg aber ist der Dialekt nicht mehr zurückgekommen. Wenn wir Kinder etwas nicht verstehen sollten, unterhielten sich die Eltern untereinander auf Ungarisch, das war eine Art Geheimsprache und hat uns oft geärgert, mich sogar so sehr, dass ich das Ungarische als etwas Verhasstes empfand. Trotzdem haben wir vieles aufgeschnappt, man lernt ja als Kind Sprachen sehr schnell. Das kam uns dann zugute, als wir 1938 nach Ungarn übersiedeln und dort von heute auf morgen Ungarisch sprechen mussten. Da ging es dann seltsamerweise genau umgekehrt: Hatte ich in Wien vom Ungarischen nichts wissen wollen, so weigerte

Vater Alexander Landesmann mit seinen Söhnen

ich mich nun, in Budapest auch nur ein Wort auf Deutsch zu reden. Wir haben, glaube ich, wirklich bis Kriegsende kein Wort Deutsch untereinander gewechselt. Deswegen hatten wir die Sprache auch so weit verlernt, dass ich 1946 in der Berlitz School Sprachunterricht in Deutsch nehmen musste.

Meine ersten ungarischen Brocken, sozusagen die Grundkenntnisse, habe ich übrigens von nordungarischen Bauern aufgeschnappt, auf dem Gut meines Großvaters mütterlicherseits, wo wir als Kinder manchmal unsere Sommer verbrachten. Mir war allerdings nicht bewusst, dass dies ein recht vulgäres Ungarisch war, mit vielen unflätigen Schimpfwörtern. Ich dachte damals, so rede man eben auf Ungarisch. Als ich das dann in Budapest als Sechsjähriger auf dem Spielplatz ausprobierte, hielten die Mütter die anderen Kinder erschrocken von mir fern, weil sie mich mit dieser ungehobelten Ausdrucksweise für einen deftigen Nordungarn hielten. Mein Onkel bedeutete mir dann, ich wisse ja gar nicht, was ich da rede. Und er verbesserte mich umgehend, damit ich nicht etwas Falsches fürs Leben behielt.

Eigentlich wuchsen wir ja nicht wirklich zweisprachig auf; es war für mich ganz klar, dass Deutsch meine Muttersprache war. Aber durch den erzwungenen Wechsel nach Ungarn und damit auch den Übergang in eine andere Sprache vergaß ich diese Muttersprache. Wenn man sie sich neu aneignen muss, sozusagen aus einer anderen Sprache wieder in sie zurückfindet, ist das nicht mehr das Gleiche. Es ist wie eine verkappte Fremdsprache. Heute, da ich mit meiner aus Amerika stammenden Frau zu Hause hauptsächlich Englisch rede, also in drei Sprachen lebe – Deutsch, Ungarisch, Englisch –, habe ich das Gefühl, überhaupt keine Muttersprache zu haben. Ich beherrsche keine Sprache wirklich hundertprozentig. Das ist ein großes Manko, weil ich dadurch nicht kann, was ich gerne könnte: im literarischen Sinn schreiben. Das Schreiben ist ein Traum geblieben.

Den charakteristischen Akzent in der Sprachfärbung bekommt man als Ungar auch nicht wirklich los. Also hört man ihn bei mir bis heute. Der Einzige, mit dem ich übrigens noch immer Ungarisch spreche, ist mein Bruder. Ich träume auch auf Ungarisch, und ich rechne in dieser Sprache. Bei mir heißt es also nicht: Eins und eins ist zwei, sondern: Egy és egy az kettö.

Wenn ich von der Sprache auf die Heimat rückschließe, so kann ich nur dieses Bekenntnis ablegen: Ich fühle mich als Österreicher ungarisch-jüdischer Abstammung. Im weiteren Sinne bin ich überzeugter Europäer. Das klingt so weltläufig wie es ist. Ich lebe in Österreich, ich liebe Österreich und habe hier ein wunderschönes, erfülltes Leben. Ich bekenne mich auch vorbehaltlos dazu, Österreicher zu sein. Aber wirkliche, echte Wurzeln, die mir auch im umfassenden Sinn Erdung, Heimat bedeuten würden, die habe ich eigentlich nirgendwo.

Nach dem »Anschluss« im März 1938 verließen wir umgehend Wien. Das war insofern leicht, als wir ungarische Staatsbürger waren und mein Vater in Budapest unmittelbar ins Geschäft einsteigen konnte; er hatte dort auch ansehnlichen Besitz. Wie viele andere war er zunächst der Meinung, »diese Sache mit den Nazis« werde ohnehin bald vorbei sein. Jedenfalls bemerkten wir Kinder – außer der Sprache – keine wirklich gravierenden Unterschiede zu unserem bisherigen Leben. Auch die Wohnung, die unserer Großmutter gehörte, war jener in Wien ähnlich. Nur die Adresse lautete jetzt anders: Irányi utca 5.

Ich ging auf eine öffentliche ungarische Schule in der Nähe unserer Wohnung. Dort konnte es fallweise schon vorkommen, dass jüdische Kinder kleineren Repressalien ausgesetzt waren, das äußerte sich vorwiegend in Prügeleien. Ich war ohnedies ein Außenseiter, weil ich nur langsam so viel Ungarisch gelernt hatte, dass ich die Schule bestehen konnte. So beäugten mich die Schulkameraden eher kritisch und nahmen mich nicht mit offenen Armen auf. Es hat also gedauert, bis ich in Budapest heimisch werden konnte. Obwohl: Als echte Heimat habe ich Ungarn ohnehin nie empfunden, lediglich als Gastland, das uns eben der Zeitläufte wegen vorübergehend aufnahm, weil die Familie dort ihre Wurzeln hatte.

In der Nähe der Schule hatte mein Vater sein Büro. Das war für mich überaus praktisch, wenn ich einmal einen raschen Fluchtpunkt brauchte. Es fiel mir deshalb leicht, bei einer Rauferei schnell dorthin zu laufen und Schutz zu suchen, um nicht verprügelt zu werden. Mein Vater gab dann seinem

Chauffeur die Anweisung, mich nach Hause zu bringen, ich stieg stolz in den Wagen und wurde an meinen Mitschülern vorbeikutschiert. Das machte die Sache natürlich nur noch schlimmer. A Jud' und reich: Das ging partout nicht. Schließlich kam es so weit, dass uns der Vater doch auf die jüdische Schule schickte.

Ansonsten fühlten wir uns im alltäglichen Leben weiterhin durchaus beschützt. Wir hatten unsere – jüdischen – Freunde, einen gewohnt gutbürgerlichen Kreis, eine gut gestellte Umgebung, ein anständiges Leben im Wohlstand. Wie der allgemeine Lebensstandard zu jener Zeit, Anfang der 1940er Jahre, in Budapest aussah, das wurde mir gar nicht richtig bewusst.

Wie schon erwähnt, blieb die Situation in Ungarn bis zum Einmarsch der Deutschen im März 1944 relativ normal. Bis zu diesem Zeitpunkt konnten wir unser Geschäft aufrechterhalten. Mein Vater besaß in Budapest auch einige Häuser; wir zählten also zu den wohlhabenden Familien der Stadt – bis zur Enteignung.

Religion im strengen Sinn spielte in unserer Familie keine allzu große Rolle. Bei den jüdischen Großeltern begingen wir die jüdischen Feiertage, beim Großvater mütterlicherseits gab es eine Betstube, in der zehn Leute Platz fanden – genau die Zahl also, die es braucht, um einen jüdischen Gottesdienst zu feiern. Aber wir hatten erst im Gymnasium Religionsunterricht; in der Volksschule wurde ich während des katholischen Religionsunterrichts einfach in eine andere Klasse geschickt, ohne dass ich mich dadurch als Außenseiter gefühlt hätte. Das Jüdische war zu Hause kein Thema, obwohl es von uns auch nicht ferngehalten wurde. Aber der Sabbatleuchter beispielsweise stand in einer Vitrine in der Wohnung, wie ein Museumsstück, weil er nicht verwendet wurde. Meine Mutter war bekennende Zionistin und wollte nach dem Schock, in den uns die Rede Schuschniggs am Abend des 11. März 1938 versetzt hatte, so schnell wie möglich nach Palästina auswandern; das sorgte für etliche hitzige familiäre Diskussionen. Mein Vater wollte vom Zionismus nichts hören, so wie viele assimilierte Juden; er wollte in Wien beziehungsweise in Budapest leben, nicht in irgendeinem fernen Land, wo vielleicht einmal unsere Ahnen gelebt hatten.

Auch wenn schon ab 1938 eine Reihe antijüdischer Gesetze erlassen worden war, ging die Staatsführung unter Miklós Horthy nicht so weit, die jüdischen Einwohner des Landes auszuliefern oder in Lager zu deportieren. Deutlicher spürbar wurde eine Verschlechterung der Lage zum ersten Mal, als 1941 der deutsch-sowjetische Krieg begann. Da wurden jüdische Jugendliche ab achtzehn Jahren zum Arbeitsdienst statt an die Front eingezogen. Das war das erste Signal, dass sich die Dinge nun zuspitzten. Ein weiteres Zeichen war, dass jüdische Künstler an der Staatsoper Auftrittsverbot bekamen. Wir waren nun auf den 1910 gegründeten jüdischen Bildungsverein namens Omike (eine Abkürzung von Országos Magyar Izraelita Közművelődési Egyesület, also Ungarisch-Israelitischer Kulturverein) angewiesen; man sagte damals sogar, hier sei die bessere Oper zu erleben als in der Nationaloper. Bei Omike, wo auch Schauspiele gegeben wurden, habe ich als Zehnjähriger meine erste Opernaufführung gesehen: Verdis »La Traviata«. Ich habe wunderschöne Erlebnisse in Erinnerung, vor allem an exzellente Sänger wie den Tenor Paul Feher oder Koloman von Pataky, eine der legendären Mozartstimmen des 20. Jahrhunderts. Auch in der Staatsoper, soweit wir sie besuchen konnten, gab es prägende Eindrücke: Julia Orosz als Mimi in der »Bohème« oder Maria Müller, eine der großen Wagner-Sängerinnen jener Tage, als Elisabeth in »Tannhäuser«.

Unter der jüdischen Bevölkerung, im Speziellen bei den Lehrern und Schulkollegen an der jüdischen Schule, war das Kulturbewusstsein überhaupt stark ausgeprägt. Die Juden waren zunehmend vom öffentlichen Leben ausgeschlossen. Da schuf gewiss die Kultur einen inneren Zusammenhalt, war ein Fenster zur Normalität, die uns immer mehr entzogen wurde.

Als die Deutschen einmarschierten, befürchtete mein Vater, in Budapest seien nun Pogrome zu erwarten. Die große jüdische Gemeinschaft stellte für die Deutschen durchaus eine Gefahr dar, weil von ihr Widerstand gegen die Okkupation drohte. Deswegen ging man auch sofort frontal auf die Juden los. Zwischen Mai und Juli 1944 fuhren nun die Züge nach Auschwitz auch von Budapest aus. Auf internationalen Druck aber, besonders von Schweden, den Vereinigten Staaten und dem Vatikan, musste Reichsverweser Horthy die Deportationen durch die Marionettenregierung von Döme Sztójay stoppen. Das verschaffte insbesondere der jüdischen Bevölkerung von Budapest eine Atempause. Dennoch: Über 400 000 Juden wurden auch von Ungarn aus in die Lager geschickt. Mein Vater kam vorübergehend nur in ein Arbeitslager, wo wir ihn sogar einmal besuchen konnten: Es war, wie ich es erinnere, ein Lager mit relativ menschlichen Bedingungen.

An den Tag des Einmarschs – einen Sonntag – habe ich buchstäblich sonnige Erinnerungen. Mein Bruder und ich waren an diesem Tag mit einer eigenen jüdischen Gruppe der Pfadfinder auf einen Ausflug gegangen. Wo genau der hinführte, weiß ich nicht mehr, aber in der Tramway, daran erinnere ich mich, sangen wir fröhliche Lieder. Als wir abends nach Hause kamen, hatten sich unsere Eltern schon große Sorgen gemacht, und es herrschte eine sehr bedrückte Stimmung.

Mein Vater ergriff nun die Initiative und schickte, wahrscheinlich am darauffolgenden Montag, meine Großmutter, meine Mutter und uns Kinder in ein Hotel auf dem Schwabhegy, einem Hügel etwas außerhalb von Budapest, so wie der Cobenzl in Wien. Ich glaube, das Hotel hieß Majestic, und es zogen viele Budapester Juden da hin. Aber offenbar wusste niemand, dass dort Adolf Eichmann und sein SS-Sonderkommando Quartier nehmen würden. Wir bekamen sogar noch ein Zimmer und verbrachten eine Nacht dort. Tags darauf wurden die etwa sechzig bis achtzig jüdischen Gäste in der Lobby versammelt, und ein deutscher Offizier zog mit Kreide ein Viereck. Wer dieses übertrete, der werde sofort erschossen. An der Wand aufgereiht, warteten wir, was geschehen würde. Ich war als Zwölfjähriger erstmals in Todesangst, umgeben von brüllenden Deutschen, die mit Maschinengewehren herumfuchtelten. Man hatte uns auch gesagt, dass Adolf Eichmann das Kommando hätte; wahrscheinlich habe ich ihn auch gesehen. Aber was hätte es geändert?

Dann wurden wir – ich weiß heute nicht mehr, wie lang wir da stehen mussten – auf einen Lkw verfrachtet und nach Pest zurückgebracht. Eine Schule war zu einem provisorischen Internierungslager umfunktioniert worden. Als mein Vater von unserem Aufenthaltsort erfuhr, wollte er uns persönlich herausschlagen, bemerkte aber noch rechtzeitig, dass alles mit Deutschen besetzt war. Er kehrte um und versuchte dann sozusagen von außen, uns freizubekommen. Auch da weiß ich wieder nicht: Waren es Stunden, waren es Tage, ehe der Obersturmbannführer erklärte, dass Frauen und Kinder nach Hause dürften? Die Männer, die in dieser Schule interniert waren, wurden hingegen umgehend deportiert. Wieder also einer dieser Glücksfälle: Wäre mein Vater den Deutschen in die Hände gefallen, wäre sein Transport nach Auschwitz unausweichlich gewesen. Aber auch als wir glücklich zu Hause angelangt waren, wussten wir: Jetzt ist es ernst. Stunde um Stunde wurde die Schraube angezogen, und wir kämpften fortan ums Überleben. Meiner Mutter war es nicht beschieden: Sie ist am 5. April 1944 gestorben, an Krebs, bis zum Tod gepflegt von einem nichtjüdischen Arzt.

Mein Vater wurde gegen Ende Oktober 1944 auf der Straße verhaftet und in ein Lager nordwestlich von Budapest gebracht. Von dort aus wurden unzählige jüdische Männer auf den berüchtigten Todesmärschen zu Fuß nach Österreich deportiert. Dieses grausame Schicksal blieb meinem Vater durch eine heroische List eines Cousins, Steven Stux, erspart. Er hatte sich eine Pfeilkreuzleruniform besorgt und war ohne Papiere, dafür mit umso frecherem Auftreten, ins Lager vorgedrungen. Dort verlangte er, dass man ihm sofort den Juden Landesmann übergebe. Er habe den Befehl, diesen unverzüglich ins Hauptquartier der Pfeilkreuzler zu bringen.

Am 18. Jänner 1945 haben die Russen Pest erobert, den Stadtteil östlich der Donau. In Buda gingen unterdessen die Kämpfe noch weiter, aber da das Glashaus im Pester Teil der Stadt lag, wurden wir am 18. Jänner befreit. Bis zu diesem Zeitpunkt lebten mein Vater und wir Brüder im Glashaus, meine Großmutter überlebte, wie erwähnt, im schwedischen Haus. In ihre Wohnung konnten wir dann umziehen, um unsere Schulbesuche weiter in Budapest zu absolvieren.

Mein Vater kehrte bei der ersten sich bietenden Gelegenheit nach Wien zurück; den Zeitpunkt weiß ich nicht mehr. Uns ließ er erst einige Zeit später nachkommen, denn die allgemeine Lage war in Wien noch viel angespannter und schrecklicher als in Budapest.

Als Erstes hatte mein Vater getrachtet, den landwirtschaftlichen Betrieb, den die Familie in Niederösterreich besaß, wieder zurückzubekommen. Eigentümer dieses Betriebes – der zweiten Niederlassung neben der St. Marxer Viehhandelsagentur, die dann zu einem Import-Export-Geschäft wurde – war die Landwirtschaftsanstalt Vaduz. Deren Aktien hatte mein Vater 1932 erworben, wodurch keine Grundverkehrssteuer anfiel. Auf unseren Namen überschreiben lassen konnte mein Vater den Betrieb indessen nicht, da es das Finanzministerium damals ablehnte, ihm diese Steuer zu erlassen. Somit aber konnten auch die Deutschen den Gutsbetrieb nicht enteignen. Sie hatten nur einen kommissarischen Verwalter eingesetzt. In unserem Falle war es ein altgedienter, illegaler Nazi, der aber unglaublich ehrlich war. Normalerweise haben diese Verwalter bei den Arisierungen die Besitztümer sich selbst einverleibt, wovon unser »Ariseur« aber absah. Mein Bruder, der das niederösterreichische Gut verwaltete, hatte nach dem Krieg mit ihm und seiner Tochter auch bestes Einvernehmen.

Als mein Vater nach Wien zurückgekommen war, hatte er sich also sofort bemüht, den Besitz wiederzubekommen. Rückstellungsgesetze für landwirtschaftliche Betriebe ließen aber noch lange auf sich warten. Deswegen wollte mein Vater die kommissarische Leitung erhalten, wofür er indessen die Erlaubnis der Russen brauchte, war Niederösterreich doch Teil der russischen Besatzungszone. Und da ereignete sich wiederum ein seltsamer Zufall. Im Herbst 1945, zu den jüdischen Feiertagen, gingen wir wie gewohnt in die Synagoge. Dort betete neben meinem Vater ein russischer Offizier, mit dem er ins Gespräch kam. Russisch konnte mein Vater deswegen sehr gut, weil er es in der Gefangenschaft nach dem Ersten Weltkrieg gelernt hatte. Man trennte sich, und einige Tage später hatte mein Vater einen Termin im Hotel Imperial in Wien, dem Hauptquartier der Russen, um mit einem Verantwortlichen über eine Rückstellung des Gutes zu sprechen. Und, welch wundersamer Zufall: Es war jener Offizier, der neben meinem

Vater gebetet hatte. Das zuständige Krauland-Ministerium für Vermögenssicherung und Wirtschaftsplanung wunderte sich damals außerordentlich, dass mein Vater einen russischen Fürsprecher für seine kommissarische Einsetzung hatte. Denn eigentlich hatten die Russen derartige Betriebe immer für sich vereinnahmt, um sie der USIA, die das sowjetische Eigentum in Österreich verwaltete, einzugliedern. In diesem Fall aber erhielt mein Vater den Betrieb zurück.

Bis zum Ende der vierten Klasse Gymnasium besuchte ich in Budapest die Schule, ehe wir 1946 wieder nach Wien übersiedelten. Zu dieser Zeit spielte ich bereits ziemlich gut Klavier, sodass ich in Wien sofort in die Klasse von Professor Hauser aufgenommen wurde, einem der angesehensten Klavierpädagogen. Zunächst erhielt ich Privatunterricht, dann wurde ich regulär zur Musikakademie zugelassen. Nebenbei ging ich aufs Gymnasium auf der Stubenbastei, schaffte dort allerdings in der fünften Klasse Latein nicht, obwohl mir alle Lehrer halfen. Das Bittere daran war, dass dies das Ende meiner Pianistenkarriere bedeutete, war doch mein Vater der Ansicht, die Matura sollte Vorrang vor jedweder Kunstausübung haben. Auch meine Stiefmutter, die ansonsten sehr nett zu uns Jungen war, empfand ich als Gegnerin, weil ich merkte, wie sehr ihr meine Klavierübungen auf die Nerven gingen.

Mein Vater hatte 1949 wieder geheiratet. Trude Frey hatte er schon nach 1938 in Budapest kennengelernt; wir waren ihrer Familie freundschaftlich verbunden. Und Freunde hatten meinen Vater auch darauf aufmerksam gemacht, dass Trude Freys Gatte gestorben war, er solle sie doch besuchen. So kam die Verbindung und schließlich die zweite Ehe meines Vaters zustande.

Ich trachtete dann, von Wien wegzukommen. Insgeheim spürte ich damals wohl selbst schon, dass ich nicht das Zeug zu einem großen Pianisten hatte. Außerdem war der familiäre Widerstand gegen eine eventuelle Laufbahn als Berufsmusiker doch deutlich zu spüren. Und schließlich war es auch mein eigener, dringender Wunsch, aus Wien wegzukommen und so früh wie möglich auf eigenen Füßen zu stehen. Ich wollte also für mich einen echten Neuanfang. Und der schien in England gegeben. Von dort bekam ich nämlich Briefe eines meiner bis heute engsten Freunde, George Húvós, der ein ähnliches Schicksal durchgemacht hatte wie ich. Er schrieb mir begeistert, wie schön es auf seinem College sei und wie leicht man dort das Reifezeugnis erlangen könne. Also ging ich 1948, mit Billigung meiner Eltern, nach London. Meinen Ehrgeiz hat das offensichtlich beflügelt, denn ich maturierte innerhalb nur eines Jahres, mit siebzehn Jahren, was in England möglich war. Dafür hatte ich mit aller Energie Englisch gebüffelt, eine Sprache, die ich bis dahin nur wenig kannte. Auch mein Bruder hat sich zeitlebens immer wieder gewundert, dass wir im Elternhaus und in unserer weiteren Erziehung so wenige Sprachen gelernt hatten, obwohl das Unternehmen meines Vaters ein europaweit agierendes Geschäft war.

In England fühlte ich mich wie in einer anderen, völlig neuen Welt. Im College, wo ich auch wohnte, herrschte eine weltoffene, internationale Atmosphäre: Ich lebte in Gesellschaft mit Südamerikanern, Schwarzafrikanern, Chinesen und vielen Kommilitonen aus Osteuropa. Ich war, wenn man das so pathetisch sagen kann, überwältigt von den Dimensionen, die die Welt für mich annahm. Schnell konnten Freundschaften geschlossen werden – wenn schon nicht fürs Leben, so doch für eine verständnisvolle, eingeschworene Gemeinschaft auf Zeit.

Auch die Lehrer waren überaus kollegial und freundlich. Das freilich hatte auch einen anderen Grund: Wenigstens ein Teil von ihnen war für den britischen Geheimdienst tätig, und deswegen suchten sie die Nähe zu den Studenten. Ich weiß noch, dass mein Freund George einmal einen der Lehrer zu sich und seiner Familie nach Budapest einlud. Er nahm hocherfreut an, ließ sich Budapest zeigen, registrierte alles mit größter Aufmerksamkeit. Später stellte es sich allerdings heraus, dass er ein Spion war, was für die Familie meines Freundes extrem gefährlich wurde. Also bleibt in der Erinnerung auch ein sehr ambivalentes Verhältnis zu den freundlichen Engländern.

Was das Unterrichtsprinzip betraf, herrschte ein gänzlich anderes Ambiente. Trotz der Sprachschwierigkeiten war das Material viel einfacher, ich würde sagen, nur fünfzig Prozent von dem, was in Wien gefordert worden wäre. Man musste sich zur Matura für fünf Gegenstände entscheiden, wovon nur Englisch und Mathematik Pflicht waren. Ich machte es mir leicht und wählte zusätzlich Europäische Geschichte, Ungarisch und Deutsch. Und mit dem Zertifikat, das ich mit Auszeichnung errang, war ich zur Universität zugelassen.

Ich entschloss mich nun, an die Sorbonne nach Paris zu gehen. Da stellte es sich dann zwar heraus, dass die englischen Vorbedingungen nicht wirklich hilfreich waren, weil doch viel mehr verlangt wurde. Aber ich habe eben immer pragmatisch gedacht.

Eine andere Neigung hatte sich inzwischen deutlich genug gezeigt: Ich war gut in naturwissenschaftlichen Fächern, in Mathematik, Chemie, Physik. Nach und nach stellte es sich heraus, dass nicht so sehr das Experimentelle, Praktische mich anzog, sondern die theoretischen Fächer. Und hier gab es an der Sorbonne einen Kurs, der zu den schwierigsten in meinem

Leben zählte. Ich belegte Mathematik, Physik und Chemie, also den MPC-Kurs, weil ich hörte, nach dem Krieg seien Chemiker besonders gefragt. Ich hatte also bereits den sicheren Beruf im Auge.

Ich erinnere mich gut an dieses Sorbonne-Jahr, weil es eine besondere Situation war. Ich konnte kaum Französisch und musste dafür einen Crashkurs machen, um einigermaßen mitzukommen. Meinen zuständigen Professor bekam ich kaum je zu Gesicht, ich erinnere mich an ihn nur als an einen Mann im dunklen Anzug; dafür hatte ich eine sehr nette und hilfsbereite Assistentin, die mir über mancherlei Schwierigkeiten hinweghalf. Vielleicht habe ich ja durch sie mehr Lust an der Chemie bekommen, als ich dachte.

Dieses Jahr in Paris, 1949/50, war ganz konzentriert auf mein Studium ausgerichtet: auf jenes in Chemie und jenes der französischen Sprache. Ich fühlte mich da auch ziemlich schlecht behandelt. Meine Lehrer und meine Kommilitonen wussten nicht, dass ich aus Österreich kam und Jude war. Sie hielten mich also für einen *boche*, wie das Schimpfwort für die Deutschen lautete, und waren deswegen mir gegenüber sehr zurückhaltend. Ich hatte ein paar nichtfranzösische Freunde, eher Bekannte, wurde aber nie zu ihnen nach Hause eingeladen. Ich blieb ein Einzelgänger, alleine. Da ich relativ wenig Geld hatte, konnte ich mir Oper, Konzert oder Theater auch nicht leisten. Was blieb, war das Kino. Das war meine hauptsächliche Freizeitbeschäftigung – und nebenbei auch eine hervorragende Gelegenheit, die Sprache zu erlernen. Aber angekommen bin ich in Frankreich nie, schon wegen der Sprachbarriere. Wir wissen ja, dass die Franzosen jemanden nur voll akzeptieren, wenn er ihre Sprache so perfekt wie möglich spricht. Wenn sie merken, dass man diese nicht wirklich beherrscht, belästigen sie einen mit Englisch, was wiederum sie nicht recht können, statt einem zu erlauben, das eigene schlechte Französisch in der Konversation zu verbessern. Also entstand in mir eine echte babylonische Sprachverwirrung: Deutsch, Ungarisch, wieder Deutsch, dann Englisch, Französisch. Und schließlich Amerikanisch.

In der Zwischenzeit nämlich war mein Freund George an die Columbia University nach New York gegangen und berichtete mir nun in den glühendsten Farben, was sich da für Möglichkeiten böten, ich solle mich doch ebenfalls um einen Studienplatz bewerben. Das habe ich, mit Berufung auf meinen Freund, dann auch getan, und mein Vater war bereit, das Studium in Amerika zu finanzieren. Wieder einer dieser Glücksfälle: Ich wurde genommen, nicht zuletzt wegen meines Jahres an der Sorbonne, das eine gute Eintrittskarte war. Deshalb konnte ich sogar zwei Semester überspringen.

Ich wollte Chemie-Ingenieur werden. Auch das hatte einen ganz pragmatischen Grund: Dieses Studium dauerte drei Jahre, das der reinen Chemie vier. Aber ich musste einsehen, dass dafür meine Begabung nicht ausreichte. Ich war einfach besser in den theoretischen Fächern, und deswegen belegte ich theoretische Organische Chemie. In diesem Fach machte ich dann auch das Master's Degree und das Doktorat.

Mein Professor war Gilbert Storke, der auf mich wie ein Gott wirkte. Nach ihm ist die sogenannte Storke-Reaktion benannt. Wir fanden damals in seinen Seminaren zu einer Art neuen Synthese für gewisse organische Produkte, die in der pharmazeutischen Industrie wichtig wurden. Wir arbeiteten eine einfache Methode aus, wie man diese Produkte herstellen konnte, und da ich einer von Storkes Mitarbeitern war, erscheint bis heute sogar noch in Lehrbüchern bei der Storke-Synthese gelegentlich mein Name. Eine kleine Episode: Als wir an meinem Wiener Domizil neue Nachbarn bekamen, stellte es sich heraus, dass der Mann Chemiker war. Wir machten uns dann sozusagen über den Gartenzaun hinweg bekannt, und er meinte: »Ach, Landesmann? Sind Sie mit dem Chemiker gleichen Namens verwandt?« Da war ich bass erstaunt und gestand: »Ja, das bin ich selber.« Ich genoss also, wenn auch in kleinem Kreis, einen gewissen Fachruhm.

Amerika war wie eine Befreiung. Im Gegensatz zu den Franzosen sind die Amerikaner traditionell sehr offen und wissbegierig. Meine Mitstudenten wollten viele Details meiner Biographie kennenlernen und nahmen mich sofort in ihre Freundeskreise auf. Da George, mein Freund, schon ein Jahr zuvor nach New York gekommen war und noch zwei andere Ungarn in seinem Zirkel hatte, war der Boden für eine freundschaftliche Aufnahme gelegt, der Weg bereitet, dass ich mich sogleich wohlfühlte. Ich wohnte auf dem Campus und arbeitete in der Bibliothek, um Geld zu verdienen.

In New York lernte ich im März 1954 auch meine spätere Frau kennen. Sie hatte mit Chemie nur insofern etwas zu schaffen, als sie am Institut als Sekretärin arbeitete. Sie war eben aus Grenoble gekommen, denn sie studierte französische Literatur und dissertierte über Montaigne. Das sollte mir ganz neue Welten eröffnen. Elaine ist sehr belesen, kunst- und kulturinteressiert. Ich besuchte mit ihr viele Konzerte, die Oper konnten wir uns nicht leisten.

Die Liebe beflügelte mich. Wir wollten unbedingt heiraten, bekamen aber weder von meinem Vater noch von ihren Eltern die Einwilligung dazu. Meine Frau stammte aus einer katholischen amerikanischen Familie, an sich schon eine Minorität, und ich war europäischer Jude. Dennoch haben wir uns verbunden, was zu jener Zeit nicht selbstverständlich war. Im

Gegenteil: Vielleicht war es gerade das, was uns ein Leben lang wirklich zusammengeschweißt hat.

Wir beeilten uns nun beide, unser Studium so schnell wie möglich abzuschließen. Meine Frau gestaltete meine Dissertation wunderbar mit und fertigte alle nötigen Zeichnungen dazu an. (Bei meinem Abschluss war ich einer der jüngsten Doktoren, die an der Columbia University absolviert hatten.) Im Gegenzug half ich natürlich auch ihr. Und dabei erwachte das Musische in mir neu. Ich lernte Montaigne und Proust kennen, aber auch Faulkner, Hemingway, Scott Fitzgerald – immer in der Originalsprache. Was waren das für literarische Götter! Zu Hause hatten wir zwar eine anständige bürgerliche Bibliothek, aber sie bestand hauptsächlich aus den ungarischen Klassikern. Literatur im umfassenden Sinn war kein wirkliches Thema.

Nun, mit unseren akademischen Abschlüssen ausgestattet, wollten wir 1956, im Jahr der ungarischen Revolution, in Wien Urlaub machen. Durch die neue politische Lage wurden wir aber zunächst gebeten, in der Flüchtlingsbetreuung im Auffanglager Traiskirchen zu helfen. Das dauerte allerdings nicht lange, und auch unser Aufenthalt in Wien sollte nur von überschaubarer Dauer sein, denn ich hatte als Chemiker bereits über zwanzig Stellenangebote in den USA und wollte mich dort niederlassen und bei einer großen pharmazeutischen Firma als Wissenschaftler arbeiten. Auch für meine Frau wäre die Rückkehr willkommen gewesen, weil für sie Europa doch eine fremde Welt war. So traten wir also Ende Februar 1957 per Schiff die Rückfahrt nach New York an. Aber dort angekommen, nahm mein, nahm unser Leben eine entscheidende Wende. Mein Vater war während der Zeit unserer Überfahrt an Herzversagen gestorben, wie ich bei der Ankunft erfuhr, und mein Bruder stand mit dem Großbetrieb plötz-

Elaine und Hans Landesmann

lich und unerwartet allein da und benötigte dringend Hilfe. So wechselte ich also vom New Yorker Hafen direkt auf den Flughafen, um nach Wien zurückzukehren.

Was zunächst nur danach aussah, als sei es eine vorübergehende, auf ein Jahr befristete Hilfe für den Familienbetrieb, den mein Bruder ja als Absolvent der Hochschule für Bodenkultur und diplomierter Volkswirt führen konnte, wurde schließlich zum dauernden Broterwerb. Mein Bruder hatte mich dringend gebeten, das Erbe des Vaters mit ihm zu verwalten. Obwohl wir nie eine strenge Aufgabenteilung festlegten, kümmerte er sich in erster Linie um den niederösterreichischen Landwirtschaftsbetrieb, der im Dezember 1959 definitiv wieder unser Besitz wurde, und ich baute das Import-Export-Geschäft weiter aus. Tür an Tür hatten wir unsere Büros in St. Marx – aber diese Türen waren immer offen.

Aus dem vazierenden Studenten und amerikanischen Chemiker mit polyglotter Erfahrung aus England, Frankreich und den USA wurde – wie später, als ich Generalsekretär der Wiener Konzerthausgesellschaft wurde, der Wiener Musikkritiker Karl Löbl spöttisch, aber nicht ohne Anerkennung meinte – der »Fleischkaufmann«. Für mich war dieses Geschäft vor allem dazu da, uns einen gewissen Lebensstandard zu ermöglichen. Ich war daran interessiert, gutes Geld zu verdienen, und ich wollte, dass der Familienbetrieb weiterexistierte, dass ich mit meinem Bruder zusammenarbeiten konnte. Aber ein gutes Geschäft abzuschließen bedeutete für mich nie ein besonderes Erfolgserlebnis. Ich bemaß das nur nach ökonomischen Maßstäben. Der Beruf war keine Berufung. Er war eine Chance, ein gutes Leben zu führen. Und er gab mir die Freiheit, etwas anderes machen zu können, meine Kreativität anderswo zu entzünden. Was wäre dazu besser geeignet gewesen als die Kunst? Die Musik wurde also endlich mein zweites, vielleicht mein wirkliches Leben.

Als meine Frau und ich 1957 aus Amerika nach Wien zurückkehrten, war das nicht nur ein einschneidendes Ereignis in meinem beruflichen und privaten Leben. Auch kulturell wollten wir so rasch wie möglich wieder Fuß fassen, und das Musikhören und Musikerleben half uns dabei. Das Wiener Musikleben bot ja an den zwei bedeutendsten Konzertstätten der Stadt, dem Musikverein und dem Konzerthaus, Aufführungen, die auch im internationalen Maßstab bestehen konnten. Die beiden Institutionen trennte entstehungsgeschichtlich ein Jahrhundert, inhaltlich und ideologisch aber mehr als das: Es war fast eine Weltanschauung, welcher der beiden Konzertstätten man sich mehr, welcher weniger verbunden fühlte.

Der Musikverein, genauer: die »Gesellschaft der Musikfreunde des österreichischen Kaiserstaates«, wurde 1812 gegründet und repräsentierte von Anfang an neben den Persönlichkeiten des musikinteressierten Adels vor allem das im Gefolge der Französischen Revolution erstarkte Bürgertum, etablierte neben der Hofkapelle und der Hofoper jenen Ort des öffentlichen Konzertlebens, der sich der Aufführung der »vorhandenen classischen Werke« widmen und, sozusagen zur Fortbildung des künstlerischen Geschmacks, auch die Einrichtung eines Konservatoriums betreiben sollte. Die Gesellschaftskonzerte, insbesondere aber seit 1842 die philharmonischen Konzerte, bildeten neben Kammermusik und Virtuosenkonzerten die programmatisch konservative Ausrichtung eines »classischen« Programms, in dem »soziales Statusbestreben und kulturelle Bedürfnisse« (Friedrich C. Heller) des Bürgertums sich gleichermaßen spiegeln sollten. Sichtbares Zeichen dieses Selbstbewusstseins war (und ist) seit 1870 das Musikvereinsgebäude am Karlsplatz.

Neue Impulse des Musiklebens, die sich im Fin de Siècle herausgebildet hatten, verlangten aber weitere Spiel- und Auftrittsmöglichkeiten, wo sich auch der Mittelstand und die kleinbürgerliche Gesellschaft akzeptiert und aufgehoben fühlen konnten. Es entstanden Dilettantenvereinigungen, vornehmlich Sängerbünde, aber auch Amateurorchester. In seinem Buch über das Wiener Konzerthaus (»Wiener Konzerthaus – Geschichte und Bedeutung 1913–1983«) listet Friedrich C. Heller für das Jahr 1899 bemerkenswerte Zahlen auf: Demnach bestanden in jenem Jahr sechzehn größere Dilettantenorchester, rund zweihundert Zivilkapellen, darunter Damen-, Salon-, Schützen- und Veteranenkapellen, zehn Militärmusikkapellen und etwa 180 Gesangsvereine, von denen fünfzig im Wiener Sängerverband zusammengeschlossen waren, zusammen hatten sie rund dreitausend Mitglieder. Musik war regelrecht zu einer Massenunterhaltung geworden, und im Gefolge dieser Bewegung war es nur legitim, dass alle Stände und Bevölkerungsschichten an den Werten der Kultur beteiligt sein sollten. Kulturarbeit sollte aktiver Beitrag zur Bildung sein, solcherart sozialen Status aufbauen und absichern. Die sozialistische Arbeiterbewegung hat dies in ihren Sängerbünden, in volkstümlichen Konzerten klassischer Musik (gegen geringe Eintrittspreise) und in den berühmten, von David Josef Bach eingerichteten, vorwiegend der damals aktuellen Musik gewidmeten Arbeiter-Sinfoniekonzerten vorbildlich akzentuiert. Die Veranstaltungen der Arbeiterkulturbewegung sollten denn auch den Kern der Tätigkeit des Wiener Konzerthauses ausmachen, das 1913 eröffnet wurde, ein Bau der Theaterarchitekten Fellner und Helmer.

Das Hofopernorchester als einziges Berufsorchester der Stadt war durch seine Tätigkeit an der Oper und durch die philharmonischen Konzerte derart ausgelastet, dass ein zweites, städtisches Symphonieorchester ein klares Erfordernis wurde. In diese Rolle sollten die Wiener Symphoniker wachsen, die dadurch gewissermaßen naturgegeben zum Bruder der Philharmoniker wurden, so wie das Konzerthaus lange Zeit wie der kleine Bruder des Musikvereins erschien. Dieser durfte nicht nur das Privileg der philharmonischen Konzertauftritte genießen, sondern war auch der erste Ort der Stadt, wo die bedeutendsten Orchester der Welt auftraten. Die angeblich zweite Klasse kompensierte das Konzerthaus dadurch, dass es sich programmatisch nicht nur der Pflege der »classischen Werke« verpflichtete, sondern vor allem der Propagierung des Neuen. Und dieses Neue – wozu in den späten fünfziger Jahren durchaus auch noch die Werke der Wiener Schule oder die Musik Gustav Mahlers zählten – hatte mich immer schon brennend interessiert. Im Konzerthaus fanden somit meine Frau und ich eine wichtige musikalische Heimat. Wir besuchten regelmäßig viele Konzerte und nahmen zunächst sozusagen aktiv hörend am Geschehen teil.

Nun traf es sich, dass meine Frau gleich nach unserer Rückkehr nach Wien im Wiener Departement des International Rescue Committee (IRC) arbeitete, einem von den USA unterhaltenen internationalen Komitee, das hier eine Anlaufstelle für Intellektuelle, Künstler und Wissenschaftler aus dem Osten bildete, welche über Wien in die Vereinigten Staaten weiterreisen wollten. Noch heute arbeitet das IRC, das 1933 auf Vorschlag von Albert Einstein gegründet wurde, um Flüchtlingen vor dem Naziregime zu helfen, als Hilfsorganisation für die Opfer von Verfolgung und Krieg in über dreißig Staaten. Damals waren, nach dem Aufstand von 1956, vor allem Flüchtlinge aus Ungarn zu betreuen. So bekam meine Frau beispielsweise zum ersten Mal Kontakt mit György Ligeti – der dann freilich nicht in die USA auswanderte, sondern in die Bundesrepublik Deutschland ging.

Als Referendarin hatte meine Frau eine Assistentin: Elli Weiser, die Frau von Peter Weiser, der 1961 als Nachfolger Egon Seefehlners, des späteren Staatsoperndirektors, Generalsekretär des Wiener Konzerthauses wurde. Schon Seefehlner hatte für das Konzerthaus Pionierarbeit geleistet. Er übernahm das Amt nach dem Krieg 1946 und legte bereits in seiner Antrittsrede eine stärkere Betonung der Musik des zwanzigsten Jahrhunderts und besonders der zeitgenössischen Musik fest. Er wollte, wie er sagte, »unsere Türen in stärkstem Maße (…) allem Interessanten, Neuen und Lebendigen öffnen«. Daneben sollte – ein verständlicher Wunsch nach den Jahren der Entbehrungen – auch die Unterhaltung nicht zu kurz kommen, ohne dass das Konzerthaus zu einem »Amüsierbetrieb« werden durfte. Später sollten indessen Vermietungen für populäre Veranstaltungen, etwa den Zyklus »Stimmen der Welt«, zu einer guten Einnahmequelle des Konzerthauses werden, brachten aber auch die Gefahr mit sich, dass das Profil des Hauses da und dort verwischt wurde.

Schon zu Seefehlners Zeit hatte das Direktorium damit zu kämpfen, dass sich die von ihm angestrebte »konsequente Mischung der Programme« von klassischem Repertoire und Moderne nicht ohne weiteres vermitteln ließ. »Die Freunde klassischer und romantischer Musik sind zum allergrößten Teil einfach nicht dazu zu bewegen, moderne Musik anzuhören, sie bleiben dann auch bei der klassischen Musik weg. Die Pflege der modernen und der in Vergessenheit geratenen alten Musik muß daher auf einer anderen Basis versucht werden«, heißt es im Protokoll der Direktoriumssitzung vom 1. Dezember 1951. So wurden nach dem Vorbild der Münchner Musica-viva-Konzerte fortan Konzerte zeitgenössischer Musik in einem eigenen Zyklus zusammengefasst, und da die Eintrittspreise stark verbilligt wurden, stieg auch die Nachfrage. Dieses Modell wurde auch auf andere Programmzyklen ausgeweitet, um zu einer stärkeren Einheitlichkeit zu gelangen. In der Saison 1951/52 waren das beispielhaft Bach, Schumann, Brahms und die Moderne. Somit war das Muster festgelegt, nach dem viele Projekte des Konzerthauses in den folgenden Jahren und Jahrzehnten ausgerichtet waren, ein Muster, das auch ich weder als Direktoriumsmitglied noch als Vizepräsident, noch als Generalsekretär aus der bewährten Ordnung bringen wollte, auch wenn sich klarerweise manche Akzentsetzungen verschoben.

Seefehlner, der – unter widrigen Umständen – nicht nur die Geschäfte des Konzerthauses konsolidieren, sondern auch ein Programm von internationalem Format etablieren konnte, folgte 1960 einem Ruf nach Berlin, wo er stellvertretender Generaldirektor der Deutschen Oper wurde. Ich war ihm – damals nur Konzertbesucher – das eine oder andere Mal begegnet; als dann in der Generalversammlung des Konzerthauses vom 23. Juni 1961 Peter Weiser in das Amt des Generalsekretärs berufen wurde, war die persönliche Beziehung von Anfang an natürlich enger, war doch, wie erwähnt, Weisers Frau die Assistentin meiner Frau im IRC. Weiser lockte mich schließlich 1964 ins Direktorium, dem zahlreiche Persönlichkeiten der Wiener Gesellschaft angehörten.

Dieses Direktorium, das in der Hauptsache die Geschäftsgebarung zu prüfen und die leitenden Personen zu berufen hatte, bestand, wenn ich mich richtig erinnere, aus gut und gerne dreißig Mitgliedern. Präsident war seit 1945 (bis 1981) der Wiener Industrielle Manfred Mautner Markhof, der meinen Eintritt ins Direktorium stark befürwortete und mich dann zehn Jahre später auch zum Vizepräsidenten beförderte, was eine weitere gesellschaftliche Aufwertung, wenn auch besonderer, eigentümlicher Art bedeutete. Ich musste nämlich bei den Abendessen, die Mautner Markhof gerne gab, anwesend sein, um zu gegebener Zeit als Rausschmeißer zu fungieren. Weil er wusste, dass ich gerne früh zu Bett ging (was durch meinen Brotberuf als frühmorgendlicher Viehhändler zwangsläufig gefolgert werden konnte), sagte er mir: »Du bist mir genau der Richtige. Du stehst immer zuerst vom Tisch auf, und dann kann ich die anderen höflich, aber bestimmt auch gleich loswerden.« Die angenehme Kehrseite: Ehe ich den Rausschmeißer spielen sollte, konnte ich viele Künstler persönlich und in angenehmster Atmosphäre und der großzügigen Gastfreundschaft von Manfred und »Putzi« Mautner Markhof kennenlernen.

Peter Weiser kam genauso wenig wie ich von der Musik zu seiner Position als Generalsekretär des Wiener Konzerthauses. Er hatte Romanistik und Philosophie studiert und 1948 eine journalistische Karriere bei der katholischen Wochenzeitung *Die Furche* begonnen, wechselte dann drei Jahre später zur Sendergruppe Rot-Weiß-Rot, dem Vorläufer des Österreichischen Rundfunks, der von der amerikanischen Besatzungsmacht unterhalten wurde, und wurde dort Chefdramaturg für das Hörspiel. Vor der Übernahme des Generalsekretariats war er Theaterkritiker für den Wiener *Kurier* und die *Frankfurter Allgemeine Zeitung*.

Eigentlich blieb ja Egon Seefehlner durch einen Beschluss der Generalversammlung von 1961 weiterhin künstlerischer Leiter der Konzerthausgesellschaft, Peter Weiser übernahm bloß die Agenden der Geschäftsführung. In dieser Position hatte er freilich viel zu tun – und noch viel mehr zu schlichten. Denn es gab anhaltende finanzielle Sorgen, er musste ein sehr hohes Defizit übernehmen. Der Konkurrenzdruck des Musikvereins war stark, man beäugte einander kritisch, und zwischen den beiden Generalsekretären, Rudolf Gamsjäger auf der einen, Peter Weiser auf der anderen Seite, gab es sogar so etwas wie offene Feindschaft. Gegen den Goliath Musikverein zog der David Konzerthaus oft den Kürzeren, die Situation war stark polarisiert, und es galt das ungeschriebene Gesetz, dass, wer im Musikverein auftrat, nicht im Konzerthaus spielen durfte. Die Ausnahme bildeten die jährlichen Musikfeste zur Zeit der Wiener Festwochen, deren Ausrichtung sich – Jahr für Jahr wechselnd – Musikverein und Konzerthaus aufteilten. Für diese Zeit waren dann auch Musikvereinskünstler für das Konzerthaus frei. Die Kluft war so tief, dass man kurzzeitig sogar überlegte, das Konzerthaus für den klassischen Konzertbetrieb überhaupt zu schließen und dort nur mehr Kongresse, Konferenzen, Bälle und Empfänge zu veranstalten. Und das, obwohl das Ambiente des Hauses gar nicht repräsentativ war, im Gegenteil: Der bauliche Zustand war desolat.

Im Publikum gab es wenige Schnittmengen. Man kann es

überspitzt so formulieren, dass die sogenannten besseren Leute das Musikvereinspublikum bildeten, die aufgeschlossenen Musikfreunde indessen ins Konzerthaus gingen. Ausnahmen bestätigen wie stets die Regel; schon der Freundeskreis von Präsident Manfred Mautner Markhof war ja von großbürgerlichem Zuschnitt. Immer wieder gelang es Mautner Markhof, neue Stifter zu gewinnen. Auch ich hatte für diesen Zweck 50 000 Schilling gegeben, ich war einer der Ersten, die das Haus unterstützten, wo es ging, und darf seitdem stolz meinen Namen auf der Ehrentafel sehen.

Neben den finanziell potenten Freunden Mautner Markhofs setzten sich auch die Freunde Peter Weisers aktiv für die Programmatik des Konzerthauses ein. Als ich 1964 ins Direktorium kam, tat der damalige Leiter des renommierten Musikverlags der Universal Edition, Alfred Schlee, wie mir später von meinem Freund Friedrich Cerha berichtet wurde, den erleichterten Ausruf: Endlich bin ich nicht mehr allein! Er meinte damit, nun sei nicht mehr nur er der Anwalt der Neuen Musik im vielköpfigen Gremium.

Der Präsident war eine starke und wichtige Integrationsfigur, er gab stets ein offenes Ohr und ein offenes Herz für die Anliegen des Neuen zu erkennen, auch wenn er selbst oft Schwierigkeiten mit der Avantgarde hatte. Er akzeptierte das Neue immer – solange es keine Beleidigung des Alten gab. Schon als junger Mann war Manfred Mautner Markhof durch seinen Vater mit den Modernen seiner Zeit in Verbindung gestanden, beispielsweise mit Richard Strauss, mit dem die Familie eng befreundet war. Er galt auch als Kunstsammler, als Wegbereiter in Österreich, hatte etwa den Bildhauer Fritz Wotruba gefördert, auch die Maler Ernst Fuchs, Arnulf Rainer und Friedensreich Hundertwasser. Auch der Dirigent Karl Böhm und der Komponist Gottfried von Einem (der sogar

Konzertdirektor der Konzerthausgesellschaft werden sollte und damals eine einflussreiche Musikerpersönlichkeit war) durften sich der Freundschaft des generösen »Bier- und Senfkaisers« mit dem charakteristischen Franz-Joseph-Backenbart versichert fühlen. Sein eigenes mäzenatisches Wirken war jedenfalls Triebkraft dafür, dass er ihm nahestehende Persönlichkeiten und Institutionen zu ebensolchem Tun veranlasste – ob immer freiwillig, das will ich dahingestellt sein lassen.

In künstlerische Belange hat sich Mautner Markhof nie eingemischt. Es nützte auch nichts, wenn Künstler bei ihm intervenierten, um bessere Auftrittsmöglichkeiten zu erreichen. Das heißt nicht, er hätte keine dezidierte Meinung gehabt. Aber als Präsident war er nicht für Kleinkriege zu haben. Als sich einmal Heinrich Schiff bei ihm beklagte (zu Recht vielleicht, weil damals gerade eine wahre Cello-Invasion im Konzerthaus stattfand), er habe in einer Saison nur einen Kurzauftritt für Werke von Anton Webern zugebilligt bekommen, prallte er am Präsidenten ab. Zuweilen konnte Mautner Markhof auf solche Einmischungen sogar recht harsch reagieren: »Das ist nicht meine Aufgabe, geht's zum Generalsekretär!«

Privat freilich war Manfred Mautner Markhof den Künstlern immer gewogen und ungezwungen und auf großzügige Weise gastfreundlich. Manches Mal, wenn Pianisten eingeladen waren, erlaubte er sich jedoch ein kleines Spiel, einen Test. Eine Urgroßmutter seiner Frau hatte nämlich von Franz Schubert einen ziemlich schwierigen Walzer gewidmet bekommen. So war man im Besitz des Autographs; das legte der Gastgeber aufs Klavier und lud den Künstler ein, das Stück vom Blatt zu spielen. Ich weiß nicht, wie oft ich diesen Walzer (in Des-Dur) hören musste …

Peter Weiser hatte als Generalsekretär den dringlichen Auftrag, bei möglichst weitgehender Wahrung der Programmkonzeption die Finanzen zu sanieren und stabil zu halten. Inhaltlich setzten in der ersten Hälfte der 1960er Jahre impulsgebende Zyklen wichtige Maßstäbe. In der Saison 1960/61 wurden vier Konzerte des 1958 von Friedrich Cerha und Kurt Schwertsik gegründeten Ensembles »die reihe« angesetzt. Das waren die Pioniere der Aufführung Neuer Musik in Österreich, wobei nicht nur die österreichische Moderne auf das Programm gesetzt, sondern auch die europäische Perspektive betont wurde, das Nachholen des durch den Krieg Verlorenen ebenso wie das aktuelle Schaffen. Das war ein wichtiges Signal, wenngleich es im Konzerthaus zunächst nur kurz aufleuchtete. Denn notwendige, nicht allein der Kunst geschuldete Einsparungen erzwangen schon nach zwei Spielzeiten die Einstellung der »reihe«-Serie, die ins neueröffnete Museum des 20. Jahrhunderts übersiedelte. Da konnte man in einer großartigen Perspektive neue Musik in substanziellen Interpretationen kennenlernen. Punktuell kam es aber auch danach immer wieder zur Zusammenarbeit mit dem Konzerthaus; so dirigierte zum Beispiel am 2. Mai 1963 John Cage ein Konzert »Musik der Gegenwart«. Aber insgesamt rief die Situation eine ernsthafte Verstimmung bei Komponisten und Interpreten hervor, die ich erst 1978 ausräumen konnte, als die Konzerte der »reihe« unter dem Titel »Wege in unsere Zeit« wieder in das Konzerthaus-Abonnement aufgenommen wurden.

Gleichwohl dürfen die Bemühungen Peter Weisers um eine klingende österreichische Musikgeschichtsschreibung im Konzerthaus nicht unterschätzt werden. Wiener Pianisten führten das gesamte Klavierwerk von Brahms auf, dem »österreichischen Lied« war ebenso ein eigener Zyklus gewidmet wie der »Musik in der Geschichte Österreichs«, wobei die musikhistorische Bedeutung des Landes von der Zeit Maximilians I. bis in die Zweite Republik exemplarisch abgehandelt wurde. Die großen Dimensionen dieser Unternehmungen und das sorgfältig ausgewogene Programm der Jubiläumsspielzeit 1962/63 (zum fünfzigjährigen Bestehen des Konzerthauses) waren indessen so kostenintensiv, dass man sich riskante Vorhaben, die auf Dauer angelegt waren, nicht ohne weiteres leisten konnte. Zwar waren zwei Zyklen mit moderner Musik (Meisterwerke des zwanzigsten Jahrhunderts und die Wiederaufnahme der »reihe«-Konzerte) geplant, sie mussten aber nachträglich aus dem Programm genommen werden, da eine baupolizeilich vorgeschriebene Sanierung der Sanitäranlagen vordringlich war und dafür Geld gebraucht wurde, das nur von der Kunst abzuzwacken war. »Wir leben«, formulierte Peter Weiser damals, »von der Hand in den Mund.«

Seit 1961 blieben die staatlichen Subventionen gleich. Der Betrag von einer Million Schilling wurde nicht erhöht, sodass sich Peter Weiser noch sieben Jahre später, im Jänner 1968, genötigt sah, in den Konzerthausnachrichten einen dramatischen Hilferuf zu publizieren: »So fabelhaft es auch ist, daß man nun endlich für Schule und Wissenschaft mehr Geld durchgesetzt hat, so beschämend sind die Zustände auf jenem Gebiet geworden, welches das einzige ist, auf dem Österreich noch Weltgeltung hat: auf dem der Musik (…) Wir sind am Ende unserer Kräfte. Wir können nicht länger mit den Mitteln, die man uns zur Verfügung stellt, auskommen. Es sind die Mittel von 1961.«

Am Rande des finanziellen Zusammenbruchs verbesserten 1968 zwei Konzerte der New Yorker Philharmoniker unter Leonard Bernstein die kritische Lage. Durch einen Erlös von einer halben Million Schilling aus dem Vorverkauf konnten die Gehälter und Steuern für die Monate Juli und August bezahlt werden. Dennoch waren die weiteren Prognosen düster, ein Konkurs der Konzerthausgesellschaft konnte nur in letzter Sekunde abgewendet werden. Drastische Konsequenzen für die Programmgestaltung waren unabdingbar; so wurde der aufwendige Zyklus »Meisterwerke des 20. Jahrhunderts« mit Ende der Saison 1969/70 eingestellt und durch die kostengünstigere Serie »Neue Musik« ersetzt, was dann Wien immerhin die erste Bekanntschaft mit renommierten zeitgenössischen Komponisten wie Karlheinz Stockhausen, Pierre Boulez oder Luciano Berio brachte.

Als Direktoriumsmitglied hatte ich damals die Möglichkeit, mit diesen Persönlichkeiten erstmals in Kontakt zu kommen, die mir später so viele nachhaltige Erlebnisse bescherten. Ich erinnere mich beispielsweise an die erste Begegnung mit Pierre Boulez, die von lapidarer Kürze war: Er leitete ein Werk von Elliot Carter, und ich fragte ihn beim anschließenden Abendessen unvorsichtigerweise, ob der Aufwand denn tatsächlich nötig sei, ob hier wirklich eine fünfte Klarinette benötigt werde. Da beschied mir Boulez knapp: Wenn der Komponist das geschrieben hat, ist es auch richtig so. Was ich damals vielleicht als schnöde, kalte Abfuhr empfand, erwies sich als kleines Lehrgeld. Ich wurde vorsichtiger in meinen Äußerungen. Und die spätere, lebenslange Freundschaft mit Boulez entschädigte mich ohnedies aufs reichste.

Durch die Erhöhung der staatlichen und städtischen Subventionen und durch sparsame Haushaltsführung gelang es schließlich, die finanzielle Situation der Konzerthausgesellschaft zu konsolidieren. In dieser Zeit konnte Peter Weiser dann auch einen neuen Stamm junger Künstler oder Musiker aus dem im Kalten Krieg schwer zugänglichen Russland ans Konzerthaus ziehen, sozusagen neue Aufbauarbeit leisten. Ab 1977, drei Jahre, nachdem ich auf Wunsch Manfred Mautner

Markhofs zum Vizepräsidenten der Konzerthausgesellschaft bestellt worden war, konnte ich dieser Arbeit dann als Weisers Nachfolger im Amt des Generalsekretärs meine eigenen Akzente geben.

Der Abgang von Peter Weiser als Generalsekretär ging sehr rasch vor sich. Er hatte vom damaligen Bundeskanzler Bruno Kreisky die Einladung erhalten, eine neue Energieverwertungsagentur aufzubauen und über diese neue Einrichtung vor allem Energiesparmaßnahmen anzuregen und durchzuführen. Und so wechselte er innerhalb von nur vier Wochen die Pferde, sattelte um von der Kunst in die Wirtschaft.

Ich hatte damals, Ende 1977, schon als geschäftsführender Vizepräsident der Konzerthausgesellschaft mit dem operativen Geschäft zu tun, und so schlug ich Präsident Mautner Markhof vor, ich könnte doch zumindest zwischenzeitlich den Posten des Generalsekretärs übernehmen, bis die Generalversammlung einen definitiven Nachfolger finden und bestellen würde. Diese Generalversammlung war für März 1978 einberufen. Und sie kam zum Entschluss: Warum einen Generalsekretär suchen, wenn Landesmann schon da ist? Soll er doch bleiben und die Aufgaben übernehmen.

Peter Weiser war am 1. Dezember 1977 zurückgetreten; für Mitte Dezember war, im Rahmen eines von Weiser programmierten Beethoven-Zyklus, ein Konzert der Wiener Symphoniker unter der Leitung von Carl Melles angesetzt. Melles sagte jedoch kurzfristig ab, und so hatte ich gleich meine erste Feuertaufe zu bestehen. Ich fühlte mich intern und extern, besonders vonseiten der Wiener Presse, sofort unter kritischer Aufsicht: Was würde der dilettierende Fleischkaufmann aus St. Marx jetzt machen? Alle Mitarbeiter im Haus waren dafür, nur dieses eine Mal noch Peter Weiser um Rat zu fragen, ich aber hatte beschlossen: Ich nehme die Sache selbst in die Hand. Aus Budapest kannte ich János Ferencsik, der zu Wien gute Kontakte hatte, Leiter der Budapester Staatsoper und Hauptdirigent der Budapester Philharmoniker war. Ich rief ihn also kurz entschlossen an und fragte, ob er den Termin in Wien wahrnehmen könne. Er sagte gleich zu, wenn ich für ihn die Grenzformalitäten erledigen und ihn abholen würde. Das Programm umfasste die »Egmont«-Ouvertüre, das Zweite Klavierkonzert mit der Solistin Imogen Cooper und die Fünfte Symphonie von Beethoven. Dafür verlangte er »doppeltes Holz«. Die Symphoniker hatten aber nur eine einfache Holzbläser-Besetzung vorgesehen. Was aber war das: doppeltes Holz? Ich musste erst einmal nachfragen, denn die Fachtermini waren mir nicht geläufig. Als ich das dann arrangiert hatte, war ich erleichtert. So habe ich also meine Karriere als Konzertmanager begonnen – Learning by Doing.

Peter Weisers Stärken hatten außer in einem sehr klaren Qualitätsgefühl besonders darin gelegen, dass er den Betrieb organisatorisch ausgezeichnet führte. Er hatte viel Talent, wenn es darum ging, Subventionen zu beschaffen, war hochintelligent und sehr belesen; besonders zu den SPÖ-Spitzen hatte er einen ausgezeichneten Draht, was ihn zur idealen Ergänzung des bürgerlichen Präsidenten Mautner Markhof machte. Einerseits erkannte und förderte er junge Talente, andererseits – und das war auch für die Abgrenzung zum Musikverein wichtig – richtete er in Wien den führenden Kammermusiksektor ein: Die ständige Bindung etwa des Alban-Berg-Quartetts oder des Haydn-Trios an das Konzerthaus gaben eine markante Qualitätsstufe vor. Die Wiener Symphoniker genossen ohnehin Hausrecht, Weiser hatte aber auch einen guten Kontakt zum ORF und zum Leiter von dessen Musikabteilung, Otto

Sertl. Sorgfältig vorgehend, hatte er große Interpreten für das Konzerthaus interessieren können: Claudio Abbado, Maurizio Pollini oder Nathan Milstein hatten durch ihre Auftritte den Glanz des Hauses erhöht. Dass er hingegen von österreichischen zeitgenössischen Komponisten nicht unbedingt das Beste hielt, hatte zu atmosphärischen Störungen geführt, die ich als neuer Generalsekretär bemüht war, so rasch wie möglich zu beseitigen. Wen er nicht schätzte, der konnte im Konzerthaus nicht auftreten; dazu gehörte etwa auch Nikolaus Harnoncourt. Solche Polarisierungen wollte ich beenden, auch zum Konkurrenten Musikverein. Bei Rudolf Gamsjäger biss man da freilich auf Granit, mit Albert Moser ging es dann sehr viel leichter, neuen gegenseitigen Respekt zu erlangen.

In der Entwicklung der Programme sah ich es als vordringliche Aufgabe an, die sogenannte Neue Musik zu einem normalen Bestandteil des Konzertlebens zu machen. Ich versuchte, Friedrich Cerhas »reihe« wieder zurückzuholen und ihn mit einem Zyklus »Wege in unsere Zeit« zu betrauen. Da sollte gezeigt werden, auf welchem Humus die Musik unserer Zeit gedieh, und das wurde auf Anhieb ein bemerkenswerter Erfolg.

Zunächst freilich – wir standen vor der Festwochensaison 1979, in der das Konzerthaus das Konzertprogramm der Wiener Festwochen ausrichtete – ging ich behutsam zu Werk und änderte nichts an der Zyklus- und der Abonnementstruktur, denn das Konzerthaus hatte, speziell bei Konzerten der Wiener Symphoniker und in der Kammermusik, ein sehr treues, auch durchaus aufgeschlossenes Publikum. Das Einzige, was ich in der ersten Saison, für die ich Verantwortung trug, neu einführte, war die Reihe »Für Kinder und Kenner«. Das war für Wien damals völliges Neuland. Dabei war es mir wichtig, dass das nicht allein Kinderprogramme sein sollten, für die Eltern ihre Sprösslinge im Konzerthaus abgaben, um dann in Ruhe einkaufen gehen zu können. Die Eltern sollten vielmehr mitkommen und mit ihren Kindern gemeinsam Musik erleben. Ich hatte für die Moderation das Multitalent Herbert Prikopa verpflichtet. Er war Schauspieler und Opernsänger, an der Wiener Volksoper verpflichtet, Dirigent, Komponist, Schriftsteller, ja sogar Kabarettist, und er war vor allem eine Frohnatur, ein durch und durch lustiger Mensch, der mit seinen Einführungen Kinder und Erwachsene gleichermaßen zu packen wusste. Da er damals gerade an seiner Dirigentenkarriere arbeitete, lud ich ihn ein, die Programme mit dem Wiener Kammerorchester auszurichten. Wir begannen mit dem »Karneval der Tiere«, erzählt von Ernst Meister, damals so etwas wie die Stimme der Nation, also eine prominente Persönlichkeit. Er war nicht gerade ein Spaßmacher, wie von einem Journalisten, sicherlich zu Recht, angemerkt wurde, aber ich wollte einen starken Sprecher für den Auftakt.

Wir gingen die Programme, die sich an Acht- bis Vierzehnjährige richteten, ein Alter, in dem auch meine eigenen Kinder waren, durchaus didaktisch an, suchten, was zu jener Zeit State of the Art war, wollten hohe Qualität. Die Angebote wurden immer wieder erweitert, es gab sogar Ballett für Kinder und Kenner und Instrumentenkunde, wo anhand von kleineren Werken einzelne Musikinstrumente vorgestellt und erklärt wurden. Das mag aus heutiger Sicht ein wenig hausbacken wirken, war aber eine Pioniertat, zu der vorangegangene Erfahrungen fehlten. Der nachhaltige Erfolg gab uns wohl Recht, denn die Serie lief noch lange nach meinem Weggang aus Wien, und ich höre heute noch von der mittleren Generation viel Gutes über das, was wir da angerichtet hatten. Christoph Lieben-Seutter, einer meiner Nachfolger und heute Leiter der neuen Hamburger Elbphilharmonie, sagte mir kürzlich, er habe in diesen Konzerten Musik lieben gelernt. Und, das sollte man auch nicht vergessen, weil ich zeitlebens nicht nur Kunstmensch, sondern auch Finanzmann war: Die Reihe brachte dem Konzerthaus sehr viel Geld.

Zum Erfolg der Reihe »Kinder und Kenner« gesellte sich, gleichsam am anderen Ende der Skala, die Reputation, welche die Konzerte unter dem Motto »Wege in unsere Zeit« genossen. Auch das war in dieser Form neu für das Wiener Konzertleben und beispielhaft dafür, wie ich mir eine Annäherung an die aktuelle Musik vorstelle. Verständnis und schließlich Akzeptanz für das Neue kann man nur durch zweierlei erreichen: absolute Qualität der Ausführung (das garantierte das Ensemble »die reihe«) und das Verständlichmachen dessen, wo die Wege ihren Ursprung haben, die in unsere Zeit führen.

Also begannen wir am 22. November 1978 mit einem Doppelschlag: mit »Spätromantik« und als Beispielen dafür Wagners Siegfried-Idyll, Max Regers zwei sechsstimmigen Chören, op. 39, Schönbergs »Lied der Waldtaube« und der Kammersymphonie, op. 9, sowie Alban Bergs Klaviersonate, und mit »Impressionismus«, wofür Werke von Ravel und Debussy (die »Chansons de Bilitis«) mit Franz Liszts erster »Legende«, Schönbergs Klavierstück, op. 11/2, und Weberns Fünf Orchesterstücken, op. 10, kombiniert wurden. Auch aus heutiger Perspektive denke ich, ist ein solches Programm aufregend, in Übersicht und Zusammenschau intelligent gewählt, eine interessante Mischung auch der Formen (vom Chor bis zum Solostück). Aber noch vor drei Jahrzehnten war eine solche Werkfolge auch ungewöhnlich und riskant. Hier kam uns als Veranstaltern dann die Qualität zustatten, die ein Maßstab des Erfolgs wurde.

Wir setzten die Expeditionen fort mit Janáček, Bartók und Charles Ives, mit Themen wie »Musik und Sprache«,

»E-Musik und U-Musik« (Satie, Strawinsky, Krenek, Kurt Weill) oder »Engagierte Kunst«, wo Musik und politische Lyrik zusammengespannt wurden, eingeleitet von Monolog und Couplet des Wendelin aus Nestroys »Höllenangst«. Friedrich Cerha dirigierte alle Konzerte und konnte dafür auch wichtige Stützen wie die Pianistin Käte Wittlich und prominente Kräfte für solistische Aufgaben interessieren, etwa die Sopranistin Reri Grist oder das Arditti String Quartet. Immer wieder wurde »die reihe« aber auch, wie es Brauch war, in andere Konzerthaus-Veranstaltungen eingeladen, bis hin zum Webern-Fest, das im November und Dezember 1983 am Ende meiner Zeit als Generalsekretär im Wiener Konzerthaus stand.

Eine dritte Leistung aus diesen fünf Konzerthaus-Jahren halte ich mir noch zugute: meinen Einsatz, die Orgel zu renovieren und wieder spielbar zu machen. Sie gilt hinsichtlich ihrer Größe und Bedeutung als einzigartiges Konzertinstrument in Europa. An dem 1913 erbauten Instrument musizierten die international bedeutendsten Organisten und die besten österreichischen Musiker dieses Fachs. Dass sie lange wie ein Stiefkind behandelt wurde, lag vielleicht daran, dass man Orgelmusik eher dem Barockzeitalter zuzählte als der Romantik, für die das Instrument des Konzerthauses steht. Ein besonderes Merkmal der Orgel: Sie ist ohne sichtbaren Prospekt konzipiert. So kommt der Raumklang wie magisch zur Wirkung.

Zur Einweihung des Wiener Konzerthauses am 19. Oktober 1913 hatte Richard Strauss ein »Festliches Präludium« geschrieben, in dem er der Orgel einen prominenten Platz zuweist. Durch die Restaurierung von 1982, die von der angesehenen Vorarlberger Firma Rieger vorgenommen wurde, war nun die Einzigartigkeit des Instruments neu erlebbar. Die Orgel trägt den Namen Manfred Mautner Markhofs in Erinnerung an den ein Jahr zuvor verstorbenen Präsidenten, und viele Donatoren, von Isolde Ahlgrimm bis zur Zellstoff- und Papierfabrik Frantschach, und öffentliche Stellen trugen dazu bei, dass die Wiederherstellung zügig vonstatten gehen konnte. Ich plante noch einen Orgelzyklus. Mittlerweile gibt es zwar weiterhin regelmäßig Orgelmusik im Großen Konzerthaussaal, aber vielleicht doch nicht in jenem Maß als zentrale Musikereignisse, wie ich mir das einmal vorgestellt habe. Aber man soll nicht richten über das, was nachfolgt.

Die Zeiten, in denen ich als Generalsekretär des Wiener Konzerthauses tätig war, lassen sich mit den heutigen nicht vergleichen. Heute erwirtschaftet die Konzerthausgesellschaft das Drei- bis Vierfache an Umsatz. Die Konzertaktivitäten haben sich vervielfacht; wir hatten einst nur achtzig bis hundert Abende pro Saison zu programmieren. In einen solchen Betrieb, wie er derzeit geführt wird, hätte ich mich damals gewiss nicht einzusteigen getraut. In den Familienbetrieb, wo sich alle Mitarbeiter und Führungskräfte untereinander bestens verstanden, bin ich hingegen hineingewachsen, und ich hatte das Glück, dass mir hervorragende Mitarbeiter zur Verfügung standen. Das Vertrauen des Präsidenten war jederzeit gegeben, und aus dem Direktorium über die Funktion des Vizepräsidenten in die künstlerische Verantwortung zu gelangen, war logisch nachvollziehbar. Außerdem dachte ich nach dem Abgang Peter Weisers ja, das wäre eine Übergangslösung. In zwei oder drei Monaten könne nicht viel schiefgehen.

Es wurde damals weniger langfristig geplant als heute, ein gutes Jahr Vorlaufzeit genügte. Und als ich sah, wie es lief, ließ sich das auch gut mit meinem Beruf vereinbaren. Im Vieh- und Fleischgeschäft in St. Marx begann ich immer sehr früh am Tag, sodass ich, wenn die Künstler aufgewacht waren, um zehn oder halb elf am Vormittag, schon im Konzerthaus zur Verfügung stehen konnte. Außerdem lagen die beiden Orte angenehm nahe beieinander.

Die Zusammenarbeit mit den Künstlern war bald auf eine gute Vertrauensbasis gestellt. Ich verhandelte mit den Agenturen über Termine und Gagen, suchte aber darüber hinaus immer das persönliche Gespräch. Das ging natürlich weniger mit den USA und fast gar nicht mit dem Ostblock, insbesondere mit der Sowjetunion. Da mussten alle Angelegenheiten über die Monopolagentur Goskonzert abgewickelt werden. Heimlich gab es aber doch immer wieder auch persönliche Treffen, über den jeweils aktuellen Konzertanlass hinaus.

Von großen, bahnbrechenden Interpreten waren ja schon einige zu Peter Weisers Zeiten Gäste des Konzerthauses gewesen; sie konnte ich nun sozusagen übernehmen: Nathan Milstein, Arturo Benedetti Michelangeli, Martha Argerich. Weisers Bekanntschaften vor allem mit russischen Künstlern führte ich gerne weiter, etwa mit der Pianistin Elisabeth Leonskaja oder mit Oleg Maisenberg. Für das Debüt der begnadeten Cellistin Natalia Gutman hat sogar der längerfristig verpflichtete Amerikaner Lynn Harrell seinen Termin uneigennützig geopfert. Denn oft wurde nach vielen bürokratischen Schikanen erst im letzten Moment eine Ausreisegenehmigung erteilt, und man musste rasch handeln. Die Konzerte Natalia Gutmans sprachen sich dann nur durch Mundpropaganda herum und wurden zu einem großartigen Erfolg.

Eigentlich war es, von heute aus betrachtet, mit sogenannten schwierigen Künstlern oft gar nicht schwierig. Sie wussten immer genau, welche Bedingungen sie brauchten, und diese Bedingungen waren zu erfüllen. Ich schätze eine solche klare Linie. Jeder im Geschäft wusste natürlich, dass Arturo Benedetti Michelangeli den Ruf hatte, ein unnahbarer Perfektionist zu sein, der bereits bei kleinsten Mängeln absagte. Grundsätzlich reiste er mit seinem eigenen Flügel, aber er akzeptierte es auch, wenn man sich das nicht leisten konnte. Dann standen eben zur Probe wie in einer Klavierfabrik vier Flügel auf dem Podium, die Benedetti Michelangeli penibel prüfte. Ich habe das bedingungslos akzeptiert, weil ich wusste, dass er Recht hatte. Er musste das richtige Instrument finden, um sein Bestes geben zu können.

Menschlich war Benedetti Michelangeli gewiss sehr verschlossen, ein wirklicher Zugang zu ihm war äußerst schwierig. Aber er war immer korrekt, nett und höflich. Und er liebte es, Japanisch zu essen, was damals in Wien nicht einfach war. Was ihn ärgerte, waren Störungen im Publikum. An eine solche Störung, die freilich weit über den obligaten Hustenreiz hinausging, erinnere ich mich besonders gut.

Benedetti Michelangelis Japan-Liebe hatte sich nämlich blitzartig ins Gegenteil verkehrt, als er auf einer Japan-Tournee von rund dreißig geplanten Konzerten nur ganz wenige gespielt hatte. Sein Manager hatte dadurch sehr viel Geld verloren und die Klaviere des Meisters beschlagnahmt. Wie auch immer der Fall gelöst wurde: Von da an war ihm alles Japanische verhasst. Er ließ sogar in seinen Vertrag schreiben, dass Japaner in seinen Konzerten unerwünscht seien. Aber wie sollte man das als Veranstalter bewerkstelligen? Ich riskierte es trotzdem und sagte zu, mein Möglichstes zu tun. Zu meinem Unglück kam zu seinem Abend eine ganze Gruppe aus Japan, sie saß in der sechsten oder siebten Reihe, deutlich sichtbar. Benedetti Michelangeli trat auf, sah die Japaner, machte kehrt und eilte zurück zur Bühnentür, kam auf mich zu und beschimpfte mich, ich hätte ihn angelogen. Da half nur noch Schlagfertigkeit: »Maestro, sóno Cinesi«, beteuerte ich, worauf sich Benedetti Michelangeli zufrieden gab und ein wunderbares Konzert spielte.

Auch mit »La Martha«, der großen Martha Argerich, hatte ich meine Erlebnisse. Sie warf immer wieder die Nerven weg und verweigerte oft im letzten Moment den Auftritt. Einmal gab sie ein Recital, am Anfang stand Robert Schumanns »Kreisleriana«. Schon die Anzeichen waren nicht günstig: Sie hatte gar nicht nach Wien kommen wollen, aber ich hatte bei ihrer Mutter, die damals in einer Art Bahnhofskommune in Frankfurt lebte, erreichen können, dass sie ihre Tochter überredete, den Termin nicht zu stornieren. Also setzte Martha Argerich sich in den Zug, ich holte sie am Bahnhof ab, brachte sie zum Friseur und ins Konzerthaus, wo sie abends dann doch die Panik überfiel. Ich redete auf sie ein, sagte ihr, wie erwartungsvoll doch das Publikum sei, sie möge nur schauen, wie viele Menschen ihretwegen gekommen seien, sie wehrte ab, aber ich drängte sie mit aller Überredungskunst sanft und unmerklich in Richtung Bühnenausgang, und ehe sie sich's versah, stand sie schon so weit in der Tür, dass Applaus aufbrandete und sie nicht mehr zurückkonnte. Und dann hat Martha Argerich das herrlichste Konzert gespielt, das ich je von ihr gehört habe.

In einem meiner Jahre als Generalsekretär profitierten wir unwissentlich von einem Streik an der New Yorker Metropolitan Opera. Wir hatten schon hin und wieder Gala-Abende mit Weltstars angesetzt, mit Montserrat Caballé beispielsweise oder mit José Carreras. Plötzlich waren auch andere berühmte Künstler frei: Joan Sutherland, Cesare Siepi, Boris Christoff. Für sie richteten wir spezielle Liederabende ein, sozusagen Opernkonzerte mit Klavier. Das waren hochkarätige und hochwertige Programme, derer man sich nicht schämen musste und die dem Publikum Zucker gaben, nach dem es gierte.

Carreras gab – das muss in der Saison 1980/81 gewesen sein – einen Belcanto-Abend, der heillos überbucht und überfüllt war. Und dann wollte er am Abend darauf zeigen, dass er auch anderes konnte, wollte Ravel und Debussy und Impressionistisches singen. Die Antwort kam prompt: ein halbleeres Haus im Vorverkauf. Da riet mir jemand, mit dem wichtigsten Gesellschaftsreporter der Stadt, »Adabei« Roman Schliesser, zu sprechen und ihn um publizistische Hilfe zu bitten. Und er schrieb tatsächlich eine Kolumne über José Carreras privat – aber mit journalistischem Geschmack. Der Mann hatte wirklich Kultur. An dem Tag, als dieser Beitrag in der *Kronenzeitung* erschienen war, standen die Menschen Schlange vor der Kassa.

Solche Mischkalkulationen machen sich längerfristig bezahlt: auf der einen Seite Stars, die Geld brachten, auf der anderen Seite das Wagnis, das man sozusagen mit diesen Überschüssen bezahlen konnte. Ich brauche in meinen Programmierungen immer eine möglichst klare Struktur, Bezugspunkte, Leitgedanken, Beziehungen, die sich verknüpfen lassen. Das müssen keine elaborierten Konzepte, das können einfache Ideen sein; vieles entsteht auch aus Gesprächen mit Künstlern. Einer meiner engsten Freunde, der Pianist András Schiff, hat zum Beispiel immer wieder wunderbare, anregende Gedanken für schöne und intelligente Konzerte. Mit ihm zusammen die Musiktage Mondsee ins Leben zu rufen, war ein Vergnügen. Heute habe ich oft den Eindruck, dass vieles austauschbar geworden ist, dass damit Profil verloren geht. Ich habe das Gefühl, Musikverein und Konzerthaus gleichen sich immer stärker an. Natürlich war ich nie für die Konfrontation, aber ein entschiedenes Gegengewicht stärkte doch die jeweils eigene Position, machte Programme unverwechselbar. Auch im Publikum findet erfreulicherweise eine Fluktuation statt, aber vielleicht sollte man doch wieder einmal genauer darüber nachdenken, wie der Eigenwert des Konzerthauses neu gestärkt werden könnte, wie Projekte entwickelt werden sollen, die zur Identität des Ortes beitragen.

Vieles geht heute auch programmatisch in die Richtung einer Durchmischung, eines Cross-overs. In den späten 1970er und frühen 1980er Jahren gab es das noch nicht, da waren Klassik, Jazz und U-Musik streng geschieden. Sie fanden zwar ebenfalls im Konzerthaus statt, waren aber – etwa in Joachim Liebens Reihe »Stimmen der Welt« – getrennt. Auch im Publikum gab es keine Schnittmengen zwischen, sagen wir, Claudio Abbado und Udo Jürgens. So gab es zwei Wahrnehmungen des Konzerthauses: einerseits klassischer Musentempel, andererseits ein Veranstaltungsort für Chansons, Jazz und Pop. Im Schnitt gab es damals viel mehr U- als E-Musik im Konzerthaus. Aber es war nicht meine Aufgabe als Generalsekretär, mich inhaltlich in diese Bereiche einzumischen. Obwohl: Bei ganz wilden Jazzkonzerten ging auch schon einmal etwas kaputt oder es wackelten zumindest die Wände. Zwischen dem Großen Saal und dem Mozartsaal war auch die Isolierung nicht wirklich schalldicht. Ich musste sogar einmal das Geld für einen Liederabend rückerstatten, den wir im Mozartsaal zeitgleich mit einem Auftritt von Chuck Berry im Großen Saal angesetzt hatten. Aber für einen bis auf den heutigen Tag privat geführten Verein wie die Konzerthausgesellschaft waren die Einnahmen aus Vermietungen, aus Kongressen und vielen Bällen, die wir im Haus hatten, überlebensnotwendig. Insofern hatte die Störung einen angenehmen Nebeneffekt.

Apropos: Es gab auch Störungen von außen. Während der Wiener Festwochen kollidierten unsere Konzerte öfter mit dem Freistilringen am unmittelbar benachbarten Heumarkt. Diese Veranstaltungen waren von enormem Lärm begleitet, der im

Haus zu hören war. Vor den Freistilringerterminen habe ich immer gezittert, aber bei einem engen Terminkorsett ließen sich Überschneidungen nicht vermeiden. Einmal betraf eine derartige Kollision Schuberts »Winterreise«, die Peter Schreier im Großen Saal singen sollte. Also ging ich rechtzeitig vorher zu den Verantwortlichen für die Ringkämpfe und bat höflich, sie möchten einen Ausweichtermin suchen. Mein Präsident hatte mir sogar das Pouvoir gegeben, einen Teil ihres Verlustes in Form einer Ausfallshaftung finanziell abzudecken. Das war ein so seriöses Angebot, dass das Ringen abgesagt wurde. Im Sinne gutnachbarschaftlicher Beziehungen versprachen Präsident Mautner Markhof und ich zudem, uns einmal einen Ringkampf anzuschauen, und das war dann auch wirklich sehr lustig. Im Gegenzug bekamen die Ringer ein Freikartenkontingent für die »Winterreise«. Sie wussten wahrscheinlich nicht genau, was sie da erwartete, nahmen das Angebot aber an. Und auf dem Heumarkt war ein Plakat angeschlagen: Freistilringen wegen Liederabend abgesagt!

Die Wiener Symphoniker waren das Stammorchester des Konzerthauses. Von Beginn an bildeten sie als das Orchester der Stadt Wien sozusagen den Kontrapunkt zu den Wiener Philharmonikern. Das zehrte am Selbstbewusstsein, auch wenn dieses heute deutlich gestiegen und durch vielfältige Aufgaben abgesichert ist. Das Profil in der Gegenwart schärfen eigenverantwortete Zyklen ebenso wie große Konzertreisen, die langjährige regelmäßige Mitwirkung an den Bregenzer Festspielen, durch deren internationale Positionierung auch die Rolle der Wiener Symphoniker aufgewertet wird, oder neuerdings die Verpflichtungen als Opernorchester für das Theater an der Wien. Gleichwohl: Die Philharmoniker haben die fünfzehn besten Dirigenten der Welt gewissermaßen für sich gepachtet und damit für das zweite Wiener Orchester blockiert. Dennoch mussten sich die Symphoniker in der Vergangenheit nicht verstecken, hatten sie doch mit Herbert von Karajan (von 1950 bis 1960), Wolfgang Sawallisch (1960 bis 1970), Carlo Maria Giulini oder Georges Prêtre (in der Rolle des Ersten Gastdirigenten) hervorragende musikalische Leiter. Dennoch war es nicht leicht, für ihre jeweils acht Abonnementkonzerte im Konzerthaus herausragende Gastdirigenten zu verpflichten oder sie auch den Symphonikern schmackhaft zu machen. Carlos Kleiber, mit dem sie gearbeitet hatten, fand nicht die Zustimmung des Orchesters, das mit ihm nie wieder etwas zu tun haben wollte. Christoph von Dohnányi (der damals schon die Philharmoniker dirigieren durfte) akzeptierten sie innerlich ebenso wenig wie Giuseppe Sinopoli, dem ich das Debüt verschafft hatte, über den sich die Musiker aber beklagten, er könne nicht dirigieren. Claudio Abbado hat das Orchester zwar zweimal dirigiert, aber eigentlich wohl eher mir zuliebe.

Von der Struktur her sind die Symphoniker ein Mietorchester. Ich konnte die Programme und Dirigenten bestimmen, sie spielten ihre Dienste. Die Gagen waren festgelegt und wurden von Jahr zu Jahr valorisiert. Das war somit auch eine verdeckte Subvention der Stadt Wien – als Orchestererhalter – an das Konzerthaus. Mit dem Geschäftsführer Lutz Lüdemann konnte man gut verhandeln, aber das Selbstwertgefühl des Orchesters konnte auch er nicht wirklich heben. Es ist bemerkenswert, dass kein namhafter Philharmoniker-Dirigent je am Pult der Symphoniker zu erleben wäre: kein Gergiev, kein Thielemann, kein Mehta, kein Rattle …

In meinen Programmierungen ab der Saison 1978/79 versuchte ich Schwerpunkte zu setzen, hatte zunächst auch ein verbindliches Motto festgelegt mit Haydn – Prokofieff – Schubert, einen zyklischen Gedanken aber eher mit dem ORF-Symphonieorchester fortgesponnen (Romantik und Gegenwart, Klassik und Gegenwart). Gleichwohl blieben auch die Wiener Symphoniker auf Komponisten-Beziehungen fokussiert, etwa in der Saison 1979/80 mit Programmen, die auf Schumann und Alban Berg bauten – und ein Flop mit katastrophaler Publikums(nicht)resonanz waren. Ich kombinierte Bartók und Berlioz und setzte 1982, zu dessen hundertstem Geburtstag, einen Schwerpunkt mit Strawinsky (in dessen Rahmen übrigens Simon Rattle mit seinem City of Birmingham Symphony Orchestra sein Wien-Debüt gab). Diese Folge endete mit einem Beethoven-Zyklus, kontrastiert mit Werken von Schönberg. Es waren insgesamt viele sehr gute Konzerte, Herausforderungen für die Selbstdarstellung und eigene Klangkultur der Wiener Symphoniker, sie wurden auch stets willig dargeboten, aber ehrlich: So richtig Feuer und Flamme für eine Sache habe ich dieses Orchester nicht erlebt.

Für die jeweiligen Musikfeste der Wiener Festwochen, für die das Konzerthaus alle zwei Jahre die Verantwortung übernahm, waren mir auch finanziell weniger die Hände gebunden, im Gegenteil: Die Musikfestkonzerte waren oft ein gutes Geschäft. Und die offene Situation erlaubte es, Künstler einzuladen, die mit den Wiener Philharmonikern und damit mit dem Musikverein verbunden waren. Es sind immer die ungeraden Jahre, in denen das Konzerthaus die Musikfest-Verantwortung trägt, und immer noch gibt es den Ehrgeiz, diese Programme um Themen kreisen zu lassen. Historisch gesehen haben ja die Wiener Festwochen 1947 als Sammlung von Festkonzerten im Konzerthaus begonnen. Daraus entwickelte Stadtrat Mandl die Idee, Musikfestwochen zu veranstalten, ehe sich in den fünfziger Jahren daraus die Wiener Festwochen in allen Kunstsparten entwickelten.

Als ich 1979 die Programmplanung übernahm, war noch Ulrich Baumgartner Chef der Festwochen, der damals ebenso thematisch arbeitete und als Generalmotto ausgegeben hatte, die franzisko-josephinische Epoche in allen möglichen künstlerischen Ausprägungen zu beleuchten. Dieser Leitgedanke gab mir die Möglichkeit, Gustav Mahler und die Wiener Schule hervorzuheben, wobei die Entwicklung von Brahms (von dem sehr viel Unterschiedliches aufgeführt wurde) bis Schönberg einen Rahmen bildete. Natürlich war das umfangreiche Programm viel facettenreicher: Es begann mit den Wiener Philharmonikern unter Leonard Bernstein mit Haydns Theresienmesse und der Fünften Symphonie von Schostakowitsch (eine sehr eigenwillige Paarung), es kamen Gastorchester aus Ungarn und Slowenien, aus Dresden und Prag, das LaSalle-Quartett gab vier Abende, die Wiener Orchester waren vertreten, sozusagen groß (Philharmoniker, Symphoniker, ORF-Symphonieorchester) und klein (Wiener Kammerorchester, »die reihe«). Aber die zentralen Aspekte bildeten doch die Fünfte Symphonie von Mahler (mit der Tschechischen Philharmonie unter Václav Neumann), die Sechste (mit dem ORF-Symphonieorchester unter Leif Segerstam), das Adagio aus der Zehnten und das »Lied von der Erde« (mit den Wiener Symphonikern unter Carlo Maria Giulini) sowie eine Reihe von Liedern. In diesem Kontext wurden dann auch Schönberg, Webern und Berg (mit dem erstmaligen Auftreten von Hildegard Behrens, mit Pollini, Abbado und wichtigen anderen Interpreten) beleuchtet.

Das alles war natürlich in Wien schon durch den Mahler-Schwerpunkt in einem Zyklus des Konzerthauses in der Saison 1962/63 vorbereitet, sie waren allerdings alles andere als ein finanzieller Erfolg gewesen. Aber von dort ging dann doch die allgemeine Mahler-Renaissance aus, als man langsam erkannte, dass Mahler kein Komponist des Banalen, scheinbar Volkstümlichen, Vulgären sei, sondern ein Wegbereiter der Moderne, der die Grenzen der symphonischen Möglichkeiten ausgereizt und sogar noch überschritten hatte. Aber leicht war es dennoch nicht, das Publikum für schwierigere Programme zu erwärmen. Ohne die Unterstützung der Wiener Festwochen wäre eine derartige Programmkonzeption für das Konzerthaus nicht durchführbar gewesen.

Meine eigene Affinität zu Mahler hat übrigens schon sehr früh begonnen. Mein Freund Marcel Faust besorgte mir in den 1950er Jahren sämtliche Schallplatten, die es mit Mahlers Musik gab, und ich erinnere mich noch, wie sich unsere Wohnungsnachbarn darüber alterierten, dass ich schon in der Früh zu laut Mahler hörte – das »Lied von der Erde«, die Zweite Symphonie unter Jascha Horenstein und Bruno Walter, die meine ersten Mahler-Favoriten waren.

Ich wollte dann zwei Jahre nach meiner ersten Musikfest-Erfahrung nicht lockerlassen und programmierte für die Wiener Festwochen 1981 einen Schwerpunkt mit Musik von Mendelssohn. Auch da war es ähnlich wie bei Mahler, von dem die mittleren Instrumentalsymphonien sich lange nicht im Konzertrepertoire behaupten konnten: Auch von Mendelssohn kannte man eigentlich nur das Violinkonzert, die »Sommernachtstraum«-Musik und die »Italienische«, keinen »Elias«, keinen »Paulus«, keinen »Lobgesang«. Da führte also dann Claudio Abbado mit dem London Symphony Orchestra »Das Märchen von der schönen Melusine« auf, Heinz Medjimorec und Hans Petermandl spielten, begleitet vom Gewandhausorchester Leipzig unter Kurt Masur, das Konzert für zwei Klaviere, Murray Perahia war der Solist im Klavierkonzert, op. 40. Viel Kammermusik erklang, die Lieder ohne Worte und die

Symphonien waren mit verschiedenen Orchestern unter Riccardo Chailly, Lorin Maazel, Christoph Eschenbach zu erleben; die Vierte, die »Italienische«, hatte ich aber bewusst ausgeklammert. Dafür kombinierte ich Mozarts rare »Thamos«-Musik mit Mendelssohns »Erster Walpurgisnacht«, und im Schlusskonzert dirigierte Wolfgang Sawallisch das große Oratorium »Elias«.

In meinem letzten Jahr als Generalsekretär war es dann »Faust«, der es mir angetan hatte – und der sämtliche im Konzerthaus bisher gekannten Grenzen sprengte. Aber ich mache in meinen letzten Jahren ja immer Wahnsinniges. Wer es indessen wagt, innerhalb von rund fünf Wochen, genau von 12. Mai bis 19. Juni 1983, Wagners Faust-Symphonie, die »Damnation de Faust« von Berlioz, Busonis »Doktor Faust«, Mahlers Achte Symphonie, Schumanns Faust-Szenen, Liszts Faust-Symphonie sowie Auszüge aus Gounods Oper anzusetzen und am Ende noch Alfred Schnittkes Faust-Kantate »Seid nüchtern und wachet« uraufzuführen – der muss womöglich wirklich verrückt sein. Aber so habe ich eigentlich immer gehandelt: weder in zaghafter Vorsicht (was nicht heißt, dass ich Geld unkontrolliert verschleudert hätte) noch nach allzu strengen Konzeptionen, sondern einfach: mit den Leidenschaften eines Musikfreundes. Manchmal waren sie nicht zu bremsen.

Alfred Schnittke hatte ich übrigens halb im Geheimen im Moskauer Untergrund besucht; er arbeitete damals in der Filmbranche, um zu überleben. Auf Anregung von Alfred Schlee, seinem Verleger, der im Direktorium des Konzerthauses saß, bot ich ihm den Auftrag für Wien an und schlug vor, einen Faust-Text zu vertonen. Zu meiner Überraschung sagte mir Schnittke, er arbeite gerade an einem Faust-Thema, und wir vereinbarten, es sollte eine Kantate werden. Als dann im Abschnitt mit Mephisto zudem noch eine Jazzsängerin auftrat, war das auch in der lebhaften Resonanz ein nicht mehr zu überbietender Höhepunkt.

Ein wichtiger Programmpunkt des ersten Musikfestes in meiner Ägide als Generalsekretär 1979 war die konzertante Aufführung der Oper »Die Königin von Saba« von Carl Goldmark mit dem ORF-Symphonieorchester unter Julius Rudel in hochkarätiger Besetzung: Anja Silja, Pilar Lorengar, Rohangiz Yachmi, Wolfgang Brendel, Siegfried Jerusalem, Kurt Rydl und Georg Tichy. Als Kommentator trat der damals so bekannte »Opernführer der Nation« Marcel Prawy auf, um das unbekannte Werk des in Keszthely geborenen Sohns eines jüdischen Kantors (wieder einmal kreuzten sich auf eigentümliche Art meine biographischen Wege mit denen eines Künstlers) vorzustellen.

Zu Ende des 19. Jahrhunderts war Goldmark ein äußerst populärer Komponist; seine 1875 uraufgeführte »Königin von Saba«, die ihn über Nacht berühmt machte, stand bis 1936 im Repertoire der Wiener Staatsoper, wohin sie einst Gustav Mahler gebracht hatte. Als Wagner-Epigone klassifiziert und von der Kritik auch angegriffen, war Goldmark ein typischer Vertreter der Übergangsepoche von der Spätromantik zur Neuzeit, deren Neuerungen viele nicht konsequent mitmachen wollten oder konnten. Eduard Hanslick, der Wiener Kritikerpapst, der ohnehin jedem »Wagnerismus« skeptisch bis ablehnend gegenüberstand, nahm beispielsweise am »Dissonanzenreichtum« von Goldmarks Musik Anstoß.

Eine Wiederbegegnung mit dem Werk in konzertanter Form war also gerade unter dem Generalthema der Wiener Festwochen 1979, der franzisko-josephinischen Epoche, angebracht. Mit konzertanten Aufführungen, die im Wiener Konzerthaus öfter stattfanden, konnte man Schlaglichter auf ein vergessenes Repertoire richten – ebenso übrigens wie auf die Barockmusik, die zu jener Zeit noch nicht den Siegeszug angetreten hatte, der heute so selbstverständlich scheint. Durchaus programmatisch beispielsweise setzte ich an den Anfang meiner Tätigkeit eine Aufführung von Händels »Jephtha« unter der Leitung von Nikolaus Harnoncourt, der 1981, ebenfalls mit Harnoncourts Concentus Musicus, das Oratorium »Saul« – mit Simon Estes in der Titelrolle – folgte.

An ein konzertantes Desaster freilich erinnere ich mich nachträglich mit Schaudern. Wir planten »Guntram« von Richard Strauss, ein Frühwerk in drei Akten, dessen Handlung im 13. Jahrhundert spielt, eine Art dramatisch-romantisches Rittermärchen um einen Minnesänger. Schon das war ein Risiko, umso mehr, als die Titelpartie eine wahrlich mörderische Herausforderung für einen Tenor ist. Diese Partie sollte Robert Schunk singen, doch kurz vor dem jüdischen Neujahr rief mich sein Agent Ioan Holender an und teilte mit, Schunk sei erkrankt. »Und übrigens: Alles Gute zu Rosch ha-Shana«, habe ich noch im Ohr – eine meiner ersten »Begegnungen« mit Holender, dem späteren längstdienenden Wiener Staatsoperndirektor.

Was also tun? Ferdinand Leitner war als Dirigent vorgesehen; gemeinsam kamen wir überein, aus »Guntram« rasch etwas ohne Guntram zu basteln, eine Suite, die Marcel Prawy mit seinen unnachahmlichen Erklärungen zu einer Art Opern-Pasticcio verbinden sollte. Obwohl die originale Strauss-Oper nur knapp mehr als eineinhalb Stunden dauert, war jetzt das Programm – eine Rumpfform ohne Protagonisten – auch noch zu kurz. Prawy schlug ein fürchterliches Stück vor, eine Tondichtung mit dem Titel »Donau«, die nicht einmal durch ihren Unbekanntheitsfaktor zu retten war. Das einzig Interessante daran war, dass der Strom – ähnlich wie in Smetanas »Moldau« – in Instrumenten geschildert wird.

Zu allem Unglück hatte sich zum Konzert eine hochrangige arabische Wirtschaftsdelegation angesagt, die vom damaligen Vizekanzler und Finanzminister Hannes Androsch nach Wien eingeladen war. Die Organisatoren hatten sich gerade dieses Konzert als Abendunterhaltung ausgesucht, obwohl ich sie zuvor ausdrücklich darauf aufmerksam gemacht hatte, es handle sich um Richard Strauss und nicht um Johann Strauß. Nein, das mache gar nichts, wurde mir beschieden. Androsch saß mit versteinerter Miene in der Loge, und in der Pause mussten wir dann mit den arabischen Gästen ein Gespräch führen und all unsere Kunst aufbieten, um zu beschwichtigen. Das war dann gleichsam Donau ohne Walzer.

Am Ende meiner Amtszeit als Generalsekretär beging ich einen taktischen Fehler. Wie mein Vorgänger, Peter Weiser, schied ich mitten in der Saison aus, mit 31. Dezember 1983. Das hatte sehr persönliche Gründe: Ich hatte einen schweren Schicksalsschlag erlitten, mein älterer Sohn war gestorben, und ich wollte mich aus dem aufreibenden Geschäft zurückziehen. Zudem hatte ich für November und Dezember ein ganz spezielles Projekt programmiert, mit dem sich gut Abschied nehmen ließ: ein Fest für Anton Webern zur Erinnerung an dessen hundertsten Geburtstag. Kernidee und Ehrgeiz waren, das Gesamtwerk Weberns, wie es damals bekannt und veröffentlicht war, aufzuführen: also wieder eine verrückte Idee zu einem meiner Abschiede. Dass ich sie Jahrzehnte später wiederholen durfte, am Ende meiner Tätigkeit als Musikdirektor der Wiener Festwochen, diesmal wirklich mit allen Werken, die Webern geschrieben hat, mag wohl mehr als nur

Zufall sein. Im Direktorium des Konzerthauses sah man das mit ähnlicher Skepsis wie später bei den Festwochen und dachte sich vielleicht: Na ja, er scheidet ohnedies aus, lassen wir ihm das Projekt als Abschiedsgeschenk. 1983 war das Risiko groß, das Publikum blieb bei aller Neugier und Aufgeschlossenheit derer, die kamen, reserviert. Zwanzig Jahre später, bei den Festwochen, wurde es, ohne unbescheiden sein zu wollen, zu einem Welterfolg.

Die Ohren für Weberns Musik hatte mir Claudio Abbado geöffnet, mit einer Aufführung des Opus 6, der »Sechs Stücke für großes Orchester« von 1909. Dann kamen die zwei Jahre später entstandenen »Fünf Stücke für Orchester«, op. 10. Da fiel mir eines schlagartig auf: Wie hier nach all diesen wuchernden Auswüchsen der Spätromantik, all diesen hypertrophen Werken, die ganze Gebirge an Tönen aufschichteten, um noch mehr und mehr Aufwand zu betreiben für einen sensationellen Effekt, eine Musik zu hören war, die nur das Wesentliche zulässt, die Essenz von Gedanken und Gefühlen, die den Sinn der Musik auf den Punkt zu bringen weiß. Ich glaube, niemand zuvor und niemand danach konnte das so rigoros wie Webern. Das ist meine Welt! Ich kann mit 50 000 Menschen in einem Stadion nichts anfangen, bin aber beglückt, wenn ich sehe, spüre und erlebe, wie sich Menschen einlassen auf das Eigentliche.

Für das Webern-Fest 1983 hatte ich versucht, alle meine Künstlerfreunde zusammenzubitten, von denen ich wusste, dass sie eine Herzensbeziehung zu Webern hatten: Friedrich Cerha und seine »reihe«, das Alban Berg Quartett, das LaSalle-Quartett, Pierre Boulez mit seinem Ensemble intercontemporain, zum Abschluss Maurizio Pollini und Claudio Abbado. Auch die Wiener Orchester traten auf: die Symphoniker, die von Peter Keuschnig, einem der am meisten unterschätzten

Musiker und Musikkenner Österreichs, dirigiert wurden, und die Philharmoniker, deren Konzert Zubin Mehta leitete, ein starker, überzeugter und überzeugender Anwalt für die Musik der Zweiten Wiener Schule. Trotzdem musste ich bei diesem Konzert die Galerie schließen, weil zu wenig Publikum kam. Und wenn wir schon bei Flops sind: Der »Schwarze Freitag des Webern-Festes«, wie es in einer Presseschlagzeile hieß, war die von Lothar Zagrosek dirigierte, vom ORF-Symphonieorchester gespielte Rekonstruktion eines Programms der Arbeiter-Sinfoniekonzerte von 1925, das Webern geleitet hatte, eine einstmals beispiellose Initiative, die eng mit der Geschichte des Wiener Konzerthauses zusammenhing. Aber alles in allem: Es kam, was Rang und Namen hatte, und Weberns hundertster Geburtstag wurde – auch mit wissenschaftlicher Begleitung durch ein großes Symposion und eine entsprechende Publikation – mit festlicher Würde gefeiert.

Nach und nach trug wohl auch die Mundpropaganda dazu bei, dass wenigstens bei den Auftritten Abbados für ein volles Haus gesorgt war. Ich war nie ein Mann des Marketings, ganz im Gegensatz zu meinem Nachfolger Alexander Pereira. Das Deutlichste an Außenwirkung war damals, dass wir eine Fahne mit Kokoschkas Porträt Weberns anfertigen und am Haus anbringen ließen. Ich hatte stets auf die Inhalte vertraut und gemeint, wenn diese stimmten, würde sich auch das Publikum finden. Und eigentlich hatte ich zeit meines Lebens zum größten Teil Recht damit.

Dennoch muss ich dieses Kapitel mit einer bitteren Note abschließen. Mein taktischer Fehler war, wie gesagt, dass ich mit Jahresende 1983 und nicht mit Saisonschluss 1983/84 abtrat. So konnte ich nicht mehr selbst Bilanz legen, und das hat mein Nachfolger zu meinen Ungunsten ausgenützt. Die großen Projekte dieser Saison zusammen mit dem aufwendigen

Webern-Fest hatten Verluste gebracht, die ich mithilfe hoher Rücklagen hätte minimieren wollen. In der Bilanzlegung meldete Pereira dann nur den Verlust und deutete damit an, ich hätte dem Konzerthaus ein hohes Defizit hinterlassen. Das hat mich sehr getroffen, weil ich im Ruf stand, sehr gut und ausgeglichen wirtschaften zu können. In den Jahren zuvor hatte ich, was aus den Bilanzen klar ersichtlich ist, Gewinne eingefahren, aber zum Abschied schlug ein Verlust von mehreren Millionen Schilling zu Buche. Alexander Pereira setzte dann die vorhandenen Rücklagen für seine erste Konzerthaus-Saison ein und stand dadurch wie der große Sieger da, der Retter, der das Konzerthaus wie den Phönix aus der Asche aufsteigen ließ – eine bittere Schlussnote, aber das Leben und mein Weg gingen trotzdem weiter.

Nachdem ich meine Tätigkeit als Generalsekretär im Konzerthaus beendet hatte, suchte ich nach einer grundlegenden Veränderung, zumindest für eine gewisse Zeit. Der schwere Schicksalsschlag, den meine Frau und ich erlitten hatten, hatte in uns den Wunsch aufkommen lassen, für eine längere Zeit aus Wien wegzugehen. Wir hofften, dadurch Abstand gewinnen, diese Lebenskrise besser meistern zu können.

Da Claudio Abbado als langjähriger Freund unserer Familie auch persönlich an unserem Schicksal Anteil nahm, konnte ich offen mit ihm über die schwierige Situation reden. Er war damals Leiter des London Symphony Orchestra, und so half er uns, in der britischen Metropole Fuß zu fassen.

Er schlug mir zwei Aufgaben vor: Ich sollte mich einerseits um die organisatorische Leitung des European Community Youth Orchestra (ECYO) kümmern; zweitens hatte er die Idee für ein eigenes, so noch nicht durchgeführtes Festival: eine

Gesamtschau zum Thema Gustav Mahler und seiner Wirkung auf die zeitgenössische Musik bis hin zu aktuellen Werken. Ich hatte seinen ersten Ideen mit einem noch umfangreicheren Konzept geantwortet, wollte das Thema um Wien und das Fin de Siècle erweitern, damit wirklich eine Gesamtschau der Künste zuwege bringen, bildende Kunst und Schauspiel einbinden und großflächig vernetzen. Dieses Festival fand dann 1985 statt und war für London etwas ganz Neues, dessen Konzeption noch lange nachwirkte. Ich wurde zum Festival Director bestellt, war aber Teil eines größeren Teams, dem Abbado, Vertreter des London Symphony Orchestra und des damals neuen Barbican Center angehörten, das sich durch eine derartige Veranstaltung ein ausgeprägtes Profil geben wollte. Später werde ich noch Näheres darüber berichten.

Die Einladung nach London war auch ein Glück für meine Frau, die stets sehr kunstinteressiert war und bei Christie's einen Intensivkurs machen konnte. Und auch meine Tochter hat sich sehr darüber gefreut, für eine gewisse Zeit in London in die Schule gehen zu können.

So übersiedelten wir also im Sommer 1984 nach London, und ich übte beide Funktionen – jene als Festival Director und jene beim ECYO – parallel aus.

Das Projekt des Jugendorchesters der Europäischen Gemeinschaft – das heute als European Union Youth Orchestra weiterhin besteht und seit 2000 von Vladimir Ashkenazy künstlerisch geleitet wird – ging auf die Gründung des Ehepaares Joy und Lionel Bryer zurück. Joy Bryer war eine große Philanthropin. Sie stammte aus Boston, studierte in ihrer Heimatstadt, in Mexico City und an der Sorbonne Geschichte und International Relations, hatte also einen internationalen Background, ehe sie 1956 nach Europa kam, nachdem sie Lionel Bryer, einen südafrikanischen Zahnarzt, geheiratet hatte. Sie leitete eine große Werbeagentur, vertrat führende internationale Firmen und eine ganze Reihe von Filmstars. 1969 gründeten sie und ihr Mann die International Youth Foundation of Great Britain, deren Vorsitzende und Generalsekretärin Joy Bryer wurde. Erster Präsident war der britische Premierminister Edward Heath, der selbst, wie wir wissen, als ambitionierter Hobbydirigent gerne den Taktstock führte.

Der umfassende Zugang zur Kultur war der Leitgedanke der Foundation, denn Kultur sei, so war Joy Bryer überzeugt, ein fundamentales Menschenrecht. Sie trat in vielseitiger Art dafür ein, gerade durch internationale Begegnungen junger Menschen die Wichtigkeit dieses Menschenrechts sichtbar zu machen. Sie hatte für ihre Anliegen Zugang zu vielen europäischen Regierungen und deren Repräsentanten, was neben Ansehen auch Geld einbrachte. Der erste Ausdruck dieses europäischen Gedankens war ein internationales Festival der Jugendorchester und verschiedener Gruppen der darstellenden Kunst, zunächst in der Schweiz, dann in Großbritannien und Italien. Dafür gewann Joy Bryer viele Verbündete, Geldgeber ebenso wie Institutionen, die diese Initiative unterstützten.

1978 gründeten Joy und Lionel Bryer das European Community Youth Orchestra, das heute European Youth Orchestra heißt und ein großes, bis zu 140 Musikerinnen und Musiker umfassendes Ensemble mit Mitgliedern aller Staaten der EG, später der EU werden sollte. So umfangreich wie die Besetzungen, die jährlich zu zwei Arbeitsphasen zusammenkommen sollten, war auch das Repertoire, für das die bedeutendsten Werke der klassischen und romantischen Epoche und der Musik des zwanzigsten Jahrhunderts vorgesehen waren. Die Symbolkraft der Einrichtung war klar: Der europäische Gedanke friedlicher, harmonischer, sozial gerechter und menschenwürdiger Zusammengehörigkeit gerade durch die Jugend und die kulturelle Sendung fand einen starken, sofort international anerkannten Fokus, Joy Bryer wurde dafür auch weitum geehrt. Das europäische Jugendorchester sollte, so steht es noch heute in der Grundproklamation des Projekts, Europas talentierteste junge Musiker unter international bekannten Dirigenten zu einem Ensemble zusammenführen, das kulturelle, soziale, ökonomische, religiöse und politische Grenzen überwindet und dadurch vorbildhafte Wirkung erzielen möchte. Freundschaft und gegenseitiges Verständnis sollten geweckt, das musikalische Potenzial Europas ausgeschöpft werden.

Für solche Gedanken war natürlich Claudio Abbado offen und sofort zu haben. Auf diese Charaktereigenschaft werde ich zu sprechen kommen, wenn ich von der Folgeaufgabe dieses Londoner Engagements erzähle, der Gründung des Gustav Mahler Jugendorchesters. Das European Community Youth Orchestra hatte die Verpflichtung, aus allen Mitgliedsstaaten der Europäischen Gemeinschaft junge Musiker aufzunehmen, es war also, wenn man es despektierlich ausdrücken will, eine Art europäisches Proporzorchester. Die schiere Quantität des Orchesters freilich war imposant, die Leistungskraft ebenso, und was ich an Erfahrung und Know-how des Orchestermanagements in diesen wenigen Jahren gelernt habe, war die Basis für vieles, was in Zukunft entstehen sollte.

Das Gustav Mahler Jugendorchester, von dem noch die Rede sein wird, hatte von vornherein einen anderen Charakter: Es zielte mit Teilnehmern aus Österreich und den Staaten der einstigen Donaumonarchie auf eine einheitlichere Klangtradition und Klangkultur, auf einen gemeinsamen Kulturkreis ab. Dieser Versuch einer Einheitlichkeit musste beim ECYO viel mühseliger hergestellt werden. Es war ja tatsächlich schwer vorstellbar, wie sich Teilnehmer aus Frankreich und den Niederlanden, Irland und Deutschland, Dänemark und Italien künstlerisch und klangidiomatisch verbinden lassen sollten. Indessen zeugt es von der Integrationskraft einer Persönlichkeit wie Claudio Abbado, dass dies überzeugend gelang. Freilich, für das Tagesgeschäft war sich Abbado immer zu schade, und so setzte er eben den Orchestermanager ein, die Mühen der Ebene möglichst angenehm aufzubereiten. Zugleich war ich auch eine Art Puffer zum Ehepaar Bryer, zu dem Abbado ein zwiespältiges Verhältnis hatte. Er schätzte und bewunderte die Tatkraft und Leidenschaft Joy Bryers, aber mit ihrem Mann kam er, wenn ich mich recht erinnere, weniger gut zurecht.

Vieles in der Organisation, das ich später für das Gustav Mahler Jugendorchester fruchtbar einsetzen konnte, lernte ich beim ECYO: vor allem, dass es wichtig ist, eine Residenz für die Probenphasen zu haben. 1984 hatten wir diese in Bozen, weil Abbado für solche Großprojekte relative Abgeschiedenheit suchte, weg vom internationalen Rampenlicht (in dem er ohnehin nie gerne stand). Dort, wo es überschaubar blieb, wo er sich ganz auf die Arbeit konzentrieren konnte, fühlte er sich immer am wohlsten. Dabei war er am Anfang meiner Tätigkeit gar nicht dabei; er hatte die Tournee an Antal Doráti und James Judd abgegeben, weil er ein Sabbatical nehmen wollte. Gleichwohl hatte er in der Programmwahl darauf Bedacht genommen, dass sie dem Riesenformat des Orchesters entsprach. Denn so differenziert Abbado mit professionellen Orchestern arbeitete, im Falle der Jugendorchester war er der Ansicht, es könne hier nicht um einen unverwechselbaren Sound gehen, weil ein junges Orchester noch nicht die Kraft und vor allem auch nicht die Instrumente habe, die eine homogene Struktur wie bei einem professionellen Spitzenorchester ergeben könnten. Also, überspitzt formuliert: Masse statt Klasse – wobei die Ergebnisse auch mit achtzehn Kontrabässen große Klasse haben konnten. Aber bringen Sie einmal allein anderthalb Dutzend Kontrabässe auf einem Konzertpodium unter! Auf der ersten von mir mitgemachten Tour in Italien, Deutschland, Luxemburg und der Schweiz spielten wir also immer in den größten Sälen.

Da das European Community Youth Orchestra zum größten Teil von Brüssel gefördert und finanziert wurde, mussten die offiziellen Wege eingehalten werden. Es war ein Aushängeschild der Europäischen Gemeinschaft und hatte somit in allen Hauptstädten seinen Platz. Deshalb kamen in den Programmheften immer alle Präsidenten und Staatsoberhäupter, der Kommissionspräsident, der Präsident des Europäischen Parlaments, alle irgendwie gekrönten und ungekrönten Häupter zu Wort, um ihre Grußbotschaften loszuwerden. Darauf achtete Joy Bryer mit Argusaugen. Das Orchester kam erst im hinteren Teil der Broschüren zum Zug, da standen dann Abbado, das Programm und die Orchestermitglieder – und irgendwo hinten auch ich. Eine derartige Hierarchie hat Claudio ziemlich geärgert.

Die Arbeitsphasen mit den entsprechenden Gruppenproben, die von erfahrenen Profimusikern als Tutoren geleitet wurden, und die jährlich zwei Tourneen (Ostern und Sommer) hatten auch politisch einen zumindest halboffiziellen Charakter: das Jugendorchester als Botschafter Europas. Dafür hatte Joy Bryer eine gute, sichere Hand, denn sie war Herz und Seele des Unternehmens, in dem sie eine Lebensaufgabe gefunden hatte. Sie wollte bedingungslos für die jungen Menschen da sein und ihnen ein Zusammengehörigkeitsgefühl vermitteln. Ich weiß noch, als wir auf einer Tournee in Moskau waren, saß Michail Gorbatschow, der politisch damals seinen

Claudio Abbado, Hans Landesmann und James Judd

Zenit bereits überschritten hatte, im Publikum. Evgeny Kissin und ein russischer Chor wirkten in Beethovens Chor-Fantasie mit. Danach kam Gorbatschow zu Abbado ins Künstlerzimmer, er wirkte deutlich geknickt, als er sagte: »Ihnen ist etwas geglückt, was mir nie vergönnt war – so viele Nationen auf einem Podium zu vereinen.«

Natürlich war es die Kernaufgabe, dass das Orchester in den Mitgliedsländern der Europäischen Gemeinschaft auftreten musste, zuweilen auch offiziell in Straßburg oder Luxemburg, wenn eine wichtige Sitzung oder Konferenz des Europäischen Parlaments angesetzt war. Unsere Stammresidenz war Bozen, weil es dort einen sehr tüchtigen und engagierten Kulturverantwortlichen gab, der uns für die Proben immer einen roten

Teppich ausrollte. Deshalb war es Ehrensache, das erste Konzert der Tournee stets in der Südtiroler Landeshauptstadt zu spielen.

Die große Besetzung des Orchesters brachte immer wieder Probleme mit sich, geeignete Aufführungsorte zu finden. Zudem war es für die Gastspielorte nicht gerade billig, ein derart umfangreich besetztes Orchester unterzubringen und zu bezahlen. Um nicht nur repräsentative Orte zu bedienen, versuchten wir, mit sogenannten Voraufführungen an weniger exponierte Orte zu gehen oder, was aus betriebstechnischen Gründen recht angenehm war, gezielt eine Region zu bereisen. Zu Ostern 1986 beispielsweise konzentrierten wir uns auf Spanien und Portugal, spielten in Madrid, Barcelona, Granada, Valencia, Lissabon, Porto, Faro – meist in sehr schönen Opernhäusern. Im Sommer ging es dann von Bozen aus durch Italien und Österreich nach Prag, Budapest und Bratislava, also in Nicht-EG-Staaten, aber Claudio Abbado wollte unbedingt den Wirkungskreis einmal über die Gemeinschaft hinaus erweitern. Die Osterkonzerte 1987, die von James Judd, dem stellvertretenden Musikdirektor, geleitet wurden, führten uns dann nach Paris, Rom, Ravenna, Brüssel, Dublin, London, Oxford – man kam also weit herum.

Für die jungen Musikerinnen und Musiker waren diese Tourneen wichtige Erlebnisse. Wir hatten ein eigenes Team, Reisebüros, die die Tourneen organisierten, eigene Reiseleiter, eine ausgeklügelte Logistik. Joy Bryer achtete immer sehr aufs Geld und suchte günstige, vielleicht nicht immer ganz bequeme Reisemöglichkeiten, auch Hotels und Jugendherbergen, die nicht immer beste Kategorie waren. Das Schöne: Claudio Abbado hat immer mit dem Orchester zusammen gewohnt und gelebt. Wir versuchten auch, den jungen Menschen die Städte zu zeigen, Führungen und Besichtigungen zu organisieren. Sie spielten ja ohne Salär und bekamen nur ein kleines Taschengeld. Ansonsten wurde für sie rund um die Uhr gesorgt.

Ein nicht unwesentlicher Nebeneffekt waren Freundschaften, die sich herausbildeten und oft zu Liebesgeschichten entwickelten. Noch heute ist das European Union Youth Orchestra stolz darauf und gibt auf seiner Homepage nicht nur die Namen ehemaliger Mitglieder an, die wichtige Positionen in Profiorchestern bekleiden, sondern auch »EUYO marriages and children«!

Das Besondere war, dass sich das Orchester Jahr für Jahr neu konstituierte. Es gab Probespiele, an denen sich sogar, so sie weitermachen wollten, jene Musiker jeweils neu beteiligen mussten, die schon im Orchester waren. Die Dozenten kamen aus verschiedenen Richtungen und Schulen mit einem gewissen Überhang aus England: ein Heimvorteil. Das färbte auch auf den Stil ab, denn durch den Sitz des Orchesters in London kamen vor allem die meisten Bläser, sozusagen die »Brassband«, aus England, und dieser charakteristische brillante, offene Klang hat nicht nur diese Sektion, sondern das gesamte Orchesterprofil geprägt.

Die zwei wichtigsten Tourneen meiner Zeit beim ECYO fanden 1985 und 1988 statt. Im Jahr 1985 spielten wir zur Erinnerung an den Atombombenabwurf vierzig Jahre nach der Katastrophe von Hiroshima und Nagasaki in Tokio und an den Stätten des grauenhaften, die Welt verändernden Ereignisses. Diese Reise kam auf ausdrücklichen Wunsch Leonard Bernsteins zustande. Er setzte Beethovens dritte Leonoren-Ouvertüre aufs Programm und seine eigene Dritte Symphonie »Kaddish« sowie die Uraufführung eines eigens komponierten Hiroshima-Requiems mit der Geigerin Midori als Solis-

Hans Landesmann mit Jesssye Norman

tin. Parallel dazu hatte Abbado Mahlers Zweite Symphonie angesetzt, die er ausnahmsweise in London probierte und dann, nach den Bernstein-Konzerten, die auch noch in Athen, Budapest und Wien gespielt wurden, für den Rest der Tournee in Berlin, Kopenhagen, Amsterdam, Luzern, Paris und auch in Wien dirigierte. Christa Ludwig und Jessye Norman wechselten sich in den Altpartien ab, als Sopran gab damals eine junge, quicke und lustige Person ihr Debüt: Karita Mattila.

Die Vorbereitungen für Japan verliefen nicht ganz unkompliziert, denn Leonard Bernstein bestand darauf, die Proben in Athen zu halten. Das kam unter anderem deswegen zustande, weil er mit Melina Mercouri, der damaligen Kulturministerin, sehr gut befreundet war und weil sie diese Sache auch zu ihrem Anliegen machte.

Bernstein war auf den Proben immer sehr spontan, herzlich und jovial, ganz im Gegensatz zu Abbado, der stets Distanz wahrte, obwohl auch er immer freundschaftlich und liebevoll mit den jungen Musikern umgegangen ist. Ich glaube, sie haben diese Art mehr geschätzt als das seltsam Anbiedernde von Bernstein. In Athen beispielsweise probten wir in einer offenen Halle, und da kam Bernstein auffällig mit dem Motorrad angebraust. Er wollte sich betont jugendlich geben, und das kam nicht besonders gut an. Außerdem kam er immer mit Sekretär und einem ganzen Tross an Freunden und sonstiger Entourage und lud seine jungen Lieblingsdirigenten ein, bei der Arbeit dabei zu sein.

In Japan selbst, so hatte ich das Gefühl, waren wir als europäische Gäste nicht wirklich herzlich willkommen. Die Gastgeber wollten das Trauerfest zum Gedenken an den Atombombenabwurf lieber unter sich feiern; am Morgen, zur Stunde, als die Bombe gefallen war, hatte Seiji Ozawa ein ganz schlichtes Gedenkkonzert in Hiroshima geleitet. Als dann bei unserer Einspielprobe auch noch die Sprinkleranlage losging und den halben Saal unter Wasser setzte, war Bernstein der Ansicht, dies hätten die Veranstalter wie einen Sabotageakt veranstaltet, obwohl sich die Gastgeber beeilten, von einem technischen Fehler zu reden. Auch während des Konzerts war dann eine gewisse Reserviertheit zu spüren.

Und noch etwas Unangenehmes kam hinzu: Harry Kraut, Bernsteins Sekretär, hatte über den von Robert Jungbluth geleiteten Bundestheaterverband, der sich unter anderem um Gastspiele in Japan kümmerte, in die Wege geleitet, dass Bernsteins Gedenkkonzert in 86 Länder übertragen werden sollte. Auch unser Finanzierungskonzept war stark auf die Tantiemen aus den Fernsehrechten aufgebaut. Aus Gründen, die ich bis heute nicht kenne, sprang dann Station um Station ab, sodass zum Schluss nur noch vier oder fünf Fernsehanstalten übrig blieben, um dieses von Kraut als »Weltereignis« verkaufte Konzert zu übernehmen. Es war eine schreckliche Pleite, und als wir dann nach Berlin zurückkamen und uns Abbado wieder in Empfang nahm, spürte man auch bei den Musikern, wie die besondere Anspannung dieses Japan-Erlebnisses abfiel und von einem Augenblick zum anderen ein regelrechtes Aufatmen durch die Reihen ging.

Auch das zweite Ereignis, das einen Höhepunkt in meiner Zeit mit dem European Community Youth Orchestra markierte, war eine politische Manifestation: In meinem letzten Londoner Jahr, als ich parallel schon das Gustav Mahler Jugendorchester betreute, führte ich auf Wunsch und Anregung Claudio Abbados beide Orchester in Berlin zu einem Riesenprojekt zusammen: der Aufführung von Mahlers Dritter Symphonie und von Schönbergs »Gurreliedern«. Ohne die Hilfe der Berliner Festwochen wäre dies nie möglich gewesen. Sie ebneten auch den Weg, dass erstmals junge Musiker aus Ostdeutschland gemeinsam mit ihren westeuropäischen Kollegen arbeiten und musizieren durften. Davon soll noch mehr erzählt werden, wenn es um die nächste Herzensangelegenheit von Abbado und mir geht: das Gustav Mahler Jugendorchester.

Doch zurück zum zweiten großen Londoner Projekt jener Jahre.

Gustav Mahler, Wien und das zwanzigste Jahrhundert: Dieses große Thema stand über einem Festival, das im Frühjahr und Herbst 1985 ganz London erfasste. Die Idee kam von Claudio Abbado, der durch sein Studium in Wien bei Hans Swarowsky, dem Papst der Dirigierlehrer, eine besondere Affinität zu dieser Zeit entwickelt hatte, sich in die Epoche des Fin de Siècle vertiefte und nun als künstlerischer Leiter des London Symphony Orchestra und damit als ungekrönter musikalischer König der Londoner Kulturszene dieses Wissen und seine Leidenschaft zu großem Ausdruck bringen wollte. Es ging dabei nicht darum, die Symphonien von Mahler zu entdecken, sondern seinen Einfluss auf das zwanzigste Jahrhundert herauszuarbeiten.

Meine Idee war es dann, diesen musikalischen Ansatz zu einem umfassenden Konzept für alle Künste zu erweitern und dafür Synergien zwischen den Sparten, vor allem auch zwischen den verschiedenen Institutionen herzustellen. Zentrum war das neueröffnete Barbican Center im Süden der City, ein ungeliebtes Kind, eine architektonische Missgeburt, die selbst als Heimstatt des London Symphony Orchestra von der Bevölkerung lange nicht angenommen wurde. Mit dem Festival sollte positiver Wind für das neue Kulturzentrum gemacht werden. Darüber hinaus plante ich Konzerte in der Royal Festival Hall, in der Wigmore Hall, in der Guildhall School und verschiedenen Kirchen, versuchte eine Ausstellung mit den Heroen des Wiener Fin de Siècle in einer renommierten Londoner Galerie zu organisieren – was mir in großem Stil misslang, weil ich zwar auf den richtigen Mann, den Sammler Serge Sabarsky, setzte, der aber so viel Geld dafür wollte, dass mich die Galerie regelrecht hinausschmiss – und im Almeida Theatre Bühnenstücke anzuregen. Dort war mit Pierre Audi ein unglaublich interessanter, progressiver Theatermacher am Werk, der eine neue Ästhetik entwickelt hatte. Selbst Opernhäuser – Covent Garden und Sadler's Wells – klinkten sich ins Programm ein.

Ich war zwar von Claudio Abbado als Festival Director installiert worden, aber für ein derart umfangreiches Projekt musste schon eine größere, intensiv zusammenarbeitende Gruppe Verantwortung teilen und tragen: ein Komitee von Musikwissenschaftlern und Beratern, denen vor allem Abbado vertraute. Mit Donald Mitchell beispielsweise war einer der bedeutendsten Mahler-Forscher mit im Boot. Er brachte etwa ein, dass es nicht nur die Wiener Schule war, die sich von Mahler herleiten ließ, dass nicht nur Luigi Nono und György Ligeti Mahlers Einflüsse aufnahmen, sondern dass es auch Verbindungen von Mahler zu Benjamin Britten, zu Dmitri Schostakowitsch, zu Charles Ives bis hin zu Harrison Birtwistle gibt. So wurde ein ganzes Panorama an Musik beziehungsreich aufgefächert, immer mit Mahlers Werk im Zentrum. Das Eröffnungskonzert bildete das prototypisch ab: »Lontano« von Ligeti, das Violinkonzert von Alban Berg und Mahlers Erste. Vor allem kammermusikalische Programme – etwa mit dem LaSalle- oder dem Alban Berg Quartett – waren in den Werkkombinationen für das oft konservative Londoner Publikum und für jene Zeit, Mitte der 1980er Jahre, eine nicht geringe Herausforderung. Aber eben weil diese Programme in einen so großen und spartenübergreifenden Kontext eingebettet waren, wurden sie auf andere Art perspektivenreich beleuchtet – eine Konzeption, die nicht nur für spätere Aktivitäten, die ich in London plante, sondern wohl auch für meine künftige, damals noch nicht erahnbare Arbeit bei den Salzburger Festspielen Vorbildwirkung entfaltete.

Ein besonderer Coup war das Mitwirken von Leonard Bernstein. Er kam zu einem einzigen Konzert mit einem Gastorchester, denn alle Orchesterprogramme waren sonst mit dem London Symphony Orchestra angesetzt. Ich hatte Bernstein in London getroffen und ihm von unseren Plänen erzählt. Ganz zaghaft hatte ich angefragt, ob er denn an eine Teilnahme denken könnte, und er antwortete hocherfreut: »Ich habe doch schon die ganze Zeit darauf gewartet, dass du mich fragst.« Er beabsichtigte, mit dem Concertgebouworkest Amsterdam Mahlers Neunte zu erarbeiten. Nun ja, so weit, so gut. Aber wie sollten die Amsterdamer nach London kommen? Ein Orchester für ein einziges Konzert zu engagieren, das kostet enormes Geld. Die unkonventionelle Lösung war: ein Ein-Tages-Trip! Das Orchester flog an einem Sonntagmorgen fertig geprobt von Amsterdam per Charter ab, machte in London eine Akustikprobe, gab nachmittags das Konzert und flog abends wieder zurück. Der Auftritt wurde zu einem enormen Erfolg, auch weil der Sonntagnachmittag sich als ein guter Konzerttermin herausstellte. Das Rezept »Konzert per Charter« ist dann, wie ich hörte, später öfter angewandt worden.

Wichtig für die Gesamtperspektive waren auch die flankierenden Maßnahmen: Einführungsvorträge, Filmvorführungen. Ich hatte sogar noch aus Wien Lithografien von Schiele, Klimt und Kokoschka bekommen, Druckgrafik also, die wir in den Wandelgängen des Barbican hängen konnten. Wichtig war zudem der Abwechslungsreichtum der Programme, die aber in sich stimmig sein mussten. Eine Konkurrenzsituation zu den anderen vier großen Orchestern Londons war vielleicht zu spüren, aber es gab keine direkten Konfrontationen. Zudem wurden auch Kammerorchester verpflichtet, etwa die London Sinfonietta, die Simon Rattle dirigierte: mit Werken von Alexander Goehr, Mahler und der Vierzehnten Symphonie von Schostakowitsch.

Finanziell leistete das Barbican Center einen großen Beitrag, auch aus dem Wunsch heraus, das Haus besser zu positionieren. Die Stadt übernahm die Kosten des London Symphony Orchestra, das seine städtische Residenz im Barbican hatte. Und dann gab es für jedes Konzert einen Projektsponsor, das war damals in London schon gang und gäbe. Und auch über die Kartenverkäufe kam einiges Geld herein; die Preise waren auch für Londoner Verhältnisse hoch, jedoch nicht vergleichbar mit den Kategorien der Salzburger Festspiele. Entscheidend aber war, dass die Idee alle Mitgestalter begeisterte und das gesamte Festival typisch englisch, nämlich fair abgewickelt werden konnte.

Aufgrund des Erfolges, der uns am Ende sogar einen Leitartikel in der *Times* einbrachte – es soll der erste zu einem Thema der Kultur gewesen sein –, bat mich das Barbican Center, auch danach als Berater Ideen einzubringen. So regte ich ein ungarisches Festival an, Liszt, Bartók und Kodály waren der künstlerische Fokus. Und ich fädelte noch ein skandinavisches Kunst- und Musikfest ein und zum Mozartjahr 1991 etwas Besonderes: 21 Konzerte, nach Jahrgängen von Mozarts Schaffen geordnet, von 1771 bis 1791: pro Jahr ein Konzert.

Persönlich allerdings konnte ich in London nur schwer Fuß fassen. Meine Frau hatte es als Amerikanerin und mit ihren vielseitigen Verbindungen bei Christie's leichter. Ich aber war in Wien zu Hause und eine respektierte Person, nicht nur in der Kulturszene, sondern auch durch meine geschäftlichen Aktivitäten. Das zählte in London nicht; dort war ich ein Nobody. Ich erinnere mich an eine kuriose Episode: Ich ging in eine Bank und wollte dort ein Konto eröffnen, also Geld deponieren, keinen Kredit aufnehmen! Aber ich konnte mein Geld nicht loswerden, weil ich keine »Referenz« hatte. Die wollten dort tatsächlich eine Art Bürgen haben, damit ich ein Konto einrichten konnte. Der Generaldirektor von Imperial Tabac & Foods, der auch mit agrarischen Produkten handelte, Sir Alex Alexander, sprang für mich dankenswerterweise in die Bresche – und plötzlich gab es keine Debatten mehr.

Ich erinnere mich noch deutlich an unsere Ankunft: Wir hatten ein kleines, vierstöckiges Reihenhaus in Chelsea gemietet, unweit davon wohnten auch Alfred Brendel und die scherzhaft so genannte italienische Mafia, Claudio Abbado und Maurizio Pollini. Da standen wir also nun, eine Familie mit ihrer Habe, hatten einen Schlüssel und konnten trotzdem nicht ins Haus. Es war nämlich doppelt versperrt. Mühsam mussten wir erst meine Assistentin ausfindig machen und schließlich den Hausherrn, der sich entschuldigte, dass die Bedienerin irrtümlich doppelt abgeschlossen habe. Ich nahm es als seltsames Zeichen: Kaum angekommen, standen wir schon vor verschlossenen Türen …

Auch die Sprache war eine gewisse natürliche Barriere, obwohl ich gut Englisch konnte. Aber die Engländer wissen sehr genau zu unterscheiden zwischen Oxford-, Londoner und Cockney-Englisch. Das war die Hierarchie, und danach kamen die »Ausländer«, also ich.

In einem solchen neuen Umfeld tiefere, über den Beruf hinausgehende Freundschaften zu schließen war schwer. Die Londoner Society ist ein eingeschworener Kreis, und ich bin ja auch kein Partytiger. Wir hatten ohnehin harte Zeiten zu durchleben; wenigstens unser beider beruflicher Erfolg und daraus resultierende nette und anregende Bekanntschaften hellten das Schicksal auf. Wir hatten für ein Jahr in London Quartier genommen, kehrten nach dem Ende des Mahler-Festivals nach Wien zurück, und ich pendelte weiterhin nach London, um meine Aufgaben beim European Community Youth Orchestra wahrzunehmen. So blieb London ein erfolgreich-zwiespältiges, aber für den weiteren Verlauf meines Lebens auch sehr anregendes Intermezzo.

Diesem Intermezzo folgte der nächste, starke prägende Akt meines Lebensweges. Machen wir also den Sprung zurück aufs Festland, ins Herz des Kontinents.

Der 24. April 1987 wurde zu einem wichtigen Tag in meinem Leben. In der kleinen südburgenländischen Gemeinde Oberschützen nahe der ungarischen Grenze sollte eine besondere Premiere stattfinden. Im Kulturzentrum des Ortes drängten sich die Besucher, um das erste Konzert eines neuen Orchesters zu hören. Es nannte sich »Gustav Mahler Jugendorchester« und versammelte 130 Musikerinnen und Musiker aus den Kernländern der ehemaligen österreichisch-ungarischen Monarchie, aus Österreich, Ungarn, der Tschechoslowakei und aus Slowenien, unter der Leitung Claudio Abbados, der erst kurz zuvor zum Musikdirektor der Wiener Staatsoper designiert worden war. Auf dem Programm: die Suite aus Béla Bartóks »Wunderbarem Mandarin« und Mahlers Erste Symphonie.

Der Abend wurde zum überwältigenden Erlebnis, und die anschließende Konzerttournee, die bis 5. Mai in dichter Folge nach Ljubljana, Graz, Prag, Bratislava, Wien und Budapest führte, war, man kann es auch nach all den Jahren nicht anders nennen, ein Triumphzug. Überall wurde das neue Orchester mit größter Herzlichkeit, Offenheit und Neugierde empfangen. Das Wiener Konzert vom 3. Mai 1987 im Goldenen Saal des Musikvereins wurde vom ORF übertragen.

Ich hatte Claudio Abbado zum ersten Mal bei einem sommerlichen Konzert im Hof des Dogenpalastes von Venedig erlebt. Dort gab der blutjunge Dirigent, mit Nikita Magaloff als Klaviersolist, mit einem heimischen Orchester eine Vorstellung. Ich kann mich nicht mehr erinnern, was auf dem Programm stand, aber ich spürte auf Anhieb: Hier ist ein eigenwilliges Talent. Schauen wir einmal, ob ich ihn nicht nach Wien empfehlen könnte.

Abbado hatte dann eine Einladung zu den Wiener Symphonikern, und nach dem Konzert, in dem als Hauptwerk Prokofieffs Dritte Symphonie gegeben wurde, gingen wir noch mit dem damaligen Generalsekretär Peter Weiser zum Abendessen. Ich war damals schon Mitglied des Direktoriums des

Konzerthauses. Es war ein netter Abend in der Grotta Azzurra, wir haben freundlich miteinander geplaudert.

Nach meiner Bestellung zum Generalsekretär des Konzerthauses schrieb ich im November 1977 umgehend drei Briefe an Künstler, mit denen ich mir eine regelmäßige Zusammenarbeit wünschte: einen an Pierre Boulez, einen an Maurizio Pollini, einen an Abbado. Alle antworteten erfreut und wohlwollend, und Abbado fügte noch hinzu: Wir kennen uns ja schon.

Was das Kennen betrifft, gab es schon früh eine für ihn typische Episode: Im Jänner 1978 reiste ich nach Mailand, um ihn zu Konzerten nach Wien zu bitten. Ich hatte ausgemacht, ihn an dem betreffenden Tag um vierzehn Uhr in seiner Wohnung zu treffen. Ich klingle, Abbado kommt an die Tür – und schaut völlig verdutzt. Wer ich denn sei? – Aber, Maestro: Wir haben doch vereinbart … Oh. Ich habe vergessen … Das ist mir bei ihm immer wieder passiert. Es ist fast zu einem Running Gag geworden. Er war oft überrascht, wenn ich ihn besuchte, auch wenn wir uns vorher verabredet hatten.

Das Gespräch verlief dessen ungeachtet sehr produktiv, denn am Ende hatte ich ein Konzert für die Wiener Festwochen 1979 fixiert: die Bruchstücke aus »Wozzeck« von Alban Berg, die »Sechs Stücke«, op. 10, von Anton Webern und das d-Moll-Klavierkonzert von Brahms mit Maurizio Pollini. Das war ein wunderbares Programm, aber auch ein Wagnis, denn Berg und Webern waren zur damaligen Zeit alles andere als durchgesetzt. Das Direktorium befürchtete deshalb, wir würden pleitegehen. Aber ich war überzeugt: Wir werden das schaffen.

Im Frühjahr 1979 kam eine plötzliche Absage Abbados. Er habe ein dringendes offizielles Konzert mit dem European Community Youth Orchestra für den Europarat in Straßburg zu absolvieren, das weder zu verschieben noch zu stornieren sei. Ich bekniete ihn, bat inständig, alles zu tun, um den Wiener Termin zu retten. Schließlich hätten nur seinetwegen Pollini und die Sopranistin Hildegard Behrens, die noch nie zuvor in Wien gesungen hatte, zugesagt. Ich weiß nicht mehr, was es war und wie es mir gelang: Aber Abbado hat doch in Wien dirigiert. An die Titelzeile einer Rezension dieses Konzerts von Karl Löbl erinnere ich mich noch so unauslöschlich, wie sie dastand: »So und nur so.«

Von da an entwickelten wir viele gemeinsame Projekte, und eine echte Lebensfreundschaft entstand. Abbado lud mich ein, 1984/85 in London das Projekt »Mahler, Wien und das 20. Jahrhundert« zu entwickeln und zu betreuen, und er animierte mich dann auch, wie geschildert, die künstlerische Leitung des European Community Youth Orchestra (ECYO) zu übernehmen, an dem fast sein Festwochendebüt gescheitert wäre.

Als sich alsbald abzeichnete, dass Claudio Abbado als Musikdirektor der Staatsoper nach Wien gehen würde, diskutierten wir auch eine Reihe von Möglichkeiten, wie die Orchesterarbeit mit der neuen Aufgabe zu vereinbaren sei. Ich war immer überzeugter Europäer, und so waren mir die politischen Grenzen der damaligen Europäischen Gemeinschaft, sozusagen des wirtschaftlichen Kerneuropa, für ein kulturelles Projekt zu eng gezogen; in das European Community Youth Orchestra konnten beispielsweise keine Musiker aus Österreich aufgenommen werden, da Österreich damals nicht Mitglied der EG war. Andererseits kamen im European Community Youth Orchestra höchst unterschiedliche Nationalitäten, von Norwegen bis Portugal, zusammen.

Da hatte Abbado eine auf Anhieb faszinierende Idee. Warum sollte man nicht versuchen, hochbegabte junge Menschen aus den Ländern der ehemaligen österreichisch-ungarischen

Monarchie zusammenzuführen und deren Kräfte in einem großen, mitteleuropäischen Symphonieorchester zu bündeln? Diese Kernländer Europas hätten doch eine gemeinsame Tradition, einen ganz spezifischen Klang. So schön die Entwicklung des ECYO auch laufen mochte, das Orchester war doch im Idiom seines Musizierens ein »internationales« Ensemble.

Wie immer, wenn Claudio Abbado eine Idee hat, ist es sein Ehrgeiz, sie ohne Wenn und Aber unverzüglich in die Tat umzusetzen. Für ihn gibt es nichts, das einer klaren, verständlichen Idee Grenzen auferlegen würde: auch wenn, wie in diesem Fall, diese Grenze der Eiserne Vorhang war.

Ein Name für die neue Orchesterinitiative war rasch gefunden. Wer verkörperte besser den zentraleuropäischen Gedanken der ins Auge gefassten Gründung als Gustav Mahler? Er hatte seine schöpferischen Wurzeln in Böhmen und Österreich, er war ein genuines Kind der Donaumonarchie und ihres Vielvölkerstaats, deren Utopien und Brüche er in seiner Musik mit beschwörender Geste und wehmütigem Trotz abbildete. Sein offizielles Wirken als Theater- und Konzertdirektor in den Musikstädten Wien, Budapest, Prag und Ljubljana war ein zusätzliches Symbol, das dem neuen Orchester ehrenvoll eingeschrieben werden konnte. Gustav Mahler als Ahnherr, Claudio Abbado als Gründervater und ich als Organisator: Das definierte vielleicht auch aus unserer personellen Konstellation heraus die Kraft und Eigenart eines einzigartigen Kulturraums.

Abbado wusste natürlich sehr genau, wie kompliziert die damaligen politischen Verhältnisse waren, aber Schwierigkeiten hatten ihn noch nie abgeschreckt. Und außerdem: Ich schien doch, wie er mir sofort versicherte, schon aufgrund meiner Herkunft und meiner Biographie prädestiniert, den schwierigen Weg nach Osten zu ebnen. So wurde es meine erste Aufgabe, zunächst Ungarn (zu dem es ja keine Sprachbarrieren gab) und die Tschechoslowakei (zu dem ich durch meinen »Brotberuf« enge Geschäftsbeziehungen unterhielt) zu bereisen und die dortigen künstlerischen Partner von der Idee zu überzeugen.

Gemeinsam mit Thomas Angyan vom Musikverein und Rainer Bischof, damals Musikbeauftragter der Gemeinde Wien, bildete ich eine Art Taskforce, in der jeder seine spezifischen Möglichkeiten einsetzen sollte, um der Idee möglichst schnell zum Leben zu verhelfen. Die politische Unterstützung besonders aus Wien war durch die Tatkraft des damaligen Bürgermeisters Helmut Zilk und seines Kulturstadtrats Kurt Mrkvicka gegeben. Zilk erkannte unglaublich rasch, dass diese grenzüberschreitende Initiative enorm wichtig für die gesamte österreichische Kulturpolitik sein konnte. Er informierte umgehend seine Bürgermeister-Kollegen in Budapest, Bratislava und Prag und rollte mir als dem Botschafter der Idee somit den roten Teppich aus. Ich wurde denn auch überall sehr freundlich empfangen, aber die Vorstellung, dass man junge Mädchen und Burschen im Alter zwischen 18 und 24 Jahren so ohne weiteres in den Westen lassen sollte, damit sie dort für mehrere Wochen arbeiteten und dann im Rahmen einer Orchestertournee auch noch durch die Welt reisten, stieß auf keine Gegenliebe. Die Angst davor, die jungen Musikerinnen und Musiker könnten verlockt werden, abzuspringen, war groß, größer als das Wohlwollen gegenüber dem Projekt. Nur sehr schwer ließen sich die Fronten nach und nach aufweichen. Das kostete großes diplomatisches Geschick, doch innerhalb von nur zwei Jahren gelang es, Vorbehalte und damit buchstäblich Grenzen so weit abzubauen, dass die Idee für das Gustav Mahler Jugendorchester Gestalt annehmen konnte. Am offensten waren die Ungarn, aber auch in Bratislava habe ich sehr viel Unterstützung bekommen. Schwierig war die Lage freilich in Prag.

Für Claudio Abbado waren diese Probleme ohnehin nicht besonders wichtig. Wichtig war ihm nur, dass das Projekt zustande kam. Er dachte nie daran, dass etwas nicht möglich sei. Ich weiß noch, wie einfach er sich das vorstellte: Wenn die Beamten nicht anspringen würden, dann könne man ja den Ministerpräsidenten einschalten, und wenn da nichts weitergehe, gebe es noch immer den Präsidenten. Zu mir sagte er nur dezidiert: »Mach was, du wirst es schon schaffen.«

In Österreich hatte die Taskforce ein anderes Hindernis zu überwinden: Hier waren die Musikhochschulen deutliche Gegner. Besonders das Konservatorium der Stadt Wien machte die Mauer. Man fürchtete grobe Störungen des Unterrichtsbetriebs – und meinte eigentlich das Unterrichtsprinzip, das quasi eine geschlossene Gesellschaft bevorzugte. In offiziellen Schreiben belehrte man uns: »Nicht durch ein paar Mal im Jahr unter einem berühmten Dirigenten Spielen, sondern durch die schulmäßige und kontinuierliche Unterweisung und Erziehung zum Zusammenspiel wird man zum Orchestermusiker.« Die Internationalisierung schädige das Gedeihen »bodenständiger künstlerischer Entfaltungen schwerstens« und führe »zu einer Standardisierung musikalischer Interpretation«. Eine seltsame Angst: Wo käme man hin, würde man die nationale, österreichische Musiktradition mit fremden Einflüssen vermischen und verwässern?

Ein weiterer Einwand war damals weitum gängige Lehrmeinung: Die Musikhochschulen sollten keine Orchestermusiker, sondern Solisten ausbilden. Das Orchesterspiel schade dabei prinzipiell der solistischen Karriere. Die Tätigkeit in einem hauseigenen Hochschulorchester sei ohnehin »Pflichtprogramm«, aber damit müsse man es bewenden lassen.

Gottlob waren manche Lehrer an den Musikhochschulen – die in Wien großteils aus den Reihen der Philharmoniker oder Symphoniker kamen – schon damals weitblickender. Sie wurden zu aktiven Fürsprechern der neuen Initiative, und so konnten sich auch die Rektoren letztlich dem Projekt nicht ganz verschließen. Sie ließen ihren Lehrkörpern freie Hand, nach dem schönen österreichischen Motto: Macht's, was wollt's. Die rabiate Gegnerschaft des Wiener Konservatoriums konnte aber auch dieses Entgegenkommen anderer Kollegen nicht brechen.

Der Einzige, der die Sache aus der Sicht der Musikhochschulen mit wirklich persönlichem Engagement und leidenschaftlichem Einsatz unterstützte, war der Rektor der Grazer Hochschule für Musik und darstellende Kunst, Otto Kolleritsch. Seinem Haus unterstand als Expositur auch die Zweigstelle im burgenländischen Oberschützen, und dort konnten wir 1987 dann auch das erste Domizil für das Gustav Mahler Jugendorchester aufschlagen.

Bis dahin sollte es aber noch gut eineinhalb Jahre dauern. Es mussten viele äußere und etliche innere Hürden überwunden werden. Der Glücksfall für die definitive Initialzündung war dann das Kulturforum der Konferenz für Sicherheit und Zusammenarbeit in Europa (KSZE). Es fand im Oktober 1985 in Budapest statt und versammelte wichtige Vertreter aus Kunst und Kultur an einem Tisch, die in einem offenen Diskussionsprozess Fragen der kulturellen Identität Europas diskutierten – ganz im Sinne der KSZE, deren »menschliche Dimension« (Andreas Meyer-Landrut) beispielgebend für ein grenzenloses Europa geworden ist.

Ich wurde vom österreichischen Außenministerium als Musikvertreter für Österreich nach Budapest entsandt. Somit hatte ich dort die direkte Möglichkeit, für Claudio Abbados

Idee zu werben, und ergriff in einem Vortrag das Wort, das nicht ohne Widerhall blieb. Viele der Vertreter des Ostblocks auf dieser Konferenz kamen auf mich zu und zeigten sich angetan, oft sogar begeistert. Und als ich auch noch mitteilen konnte, Abbado wolle die ganze Unternehmung ohne Honorar durchführen, glaubten viele fast an ein Märchen.

Tatsächlich hat Abbado immer nur den Veranstaltern der Konzerte seine Abendgage verrechnet, die er dann aber umgehend wieder dem Gustav Mahler Jugendorchester gutschrieb. Auf diese Weise wurde der Maestro selbst zum größten Sponsor des Projekts.

Das, was in den Köpfen einiger Enthusiasten 1984 zu sprießen begonnen hatte, nahm nun, Ende 1985, langsam Formen an. Mit dem grünen Licht aus Budapest konnte ich darangehen, mich direkt mit den Musikuniversitäten Ungarns und der ČSSR in Verbindung zu setzen. Eventuell sollte auch noch Jugoslawien dazukommen. Die osteuropäischen Akademien reagierten – im Gegensatz zu den österreichischen – prompt und nominierten Musiker, die mitmachen wollten und die dann an den jeweiligen Orten zu Probespielen antreten konnten.

Parallel dazu mussten mit diplomatischem Geschick die politischen Weichen gestellt werden. Denn so positiv die jeweiligen Kulturministerien reagierten, so zurückhaltend bis ablehnend war die Haltung der Innenministerien. Diese aber waren die entscheidenden Stellen, damit den jungen Künstlern die Ausreise zur ersten Arbeitsphase, die Abbado für Ostern 1987 ins Auge gefasst hatte, ermöglicht werden konnte.

Die Sisyphusarbeit bestand darin, in Budapest, Bratislava und Prag klarzumachen, das musikalische Interesse habe Priorität. Wir mussten zusichern, dass die jungen Leute nach den Proben und der Konzerttournee wieder nach Hause kommen würden. Jede Musikerin und jeder Musiker hatte sich dazu aber auch persönlich schriftlich zu verpflichten. Auf einer Deutschland-Tournee entstand 1989 dennoch eine heikle Situation: Zwei junge tschechische Musiker sprangen ab und sorgten damit für politisches Aufsehen. Die Affäre drohte sogar kurzfristig den Weiterbestand des Gustav Mahler Jugendorchesters zu gefährden. Mit einigen Mühen konnte ich die Situation in den Griff bekommen, und man hat uns verziehen.

Als Anfang April 1987 tatsächlich die ersten Busse mit den bei den Probespielen ausgewählten Streichern, Bläsern, Schlagzeugern in Oberschützen eintrafen, war das ein unbeschreibliches Erlebnis. Während die Anreisenden aus Ungarn und ihre Lehrer einen vergleichsweise unverkrampften Eindruck machten, wirkten die Gäste aus der ČSSR sehr zurückhaltend, nachgerade verschreckt. Die Lehrer, die sie begleiteten, stellten sich alsbald als Aufpasser heraus. Aber sie waren sehr freundlich. Die anfangs etwas gespannte Atmosphäre war eigentlich nie besorgniserregend und hatte auf die positive Grundstimmung kaum einen Einfluss.

Für drei Wochen sollten die jungen Orchestermitglieder in Oberschützen Quartier beziehen. Sie wurden bei den Familien des Ortes aufgenommen und hatten im Kulturzentrum mit der Schule und dem Konzertsaal ideale Bedingungen für die Proben. Die Bevölkerung nahm regen Anteil, versorgte die Teilnehmer nach besten Kräften und kam zu den Proben, die selbstverständlich jederzeit zugänglich waren. Die burgenländische Landesregierung erkannte das politische Signal in der Grenzregion und unterstützte das Projekt nachdrücklich.

Die Dozenten, die zuvor Gruppe für Gruppe die Vorspiele an den einzelnen Musikhochschulen begutachtet und die Auswahl für die letztlich 130 Teilnehmer getroffen hatten, konnten umgehend mit den Detailproben beginnen. Als musikalischen Assistenten hatte Claudio Abbado damals einen jungen

Linzer ausgewählt, der die Vorproben koordinieren und leiten sollte: Franz Welser-Möst. Er hatte das Jeunesse-Orchester seiner Heimat zu überregionaler Beachtung geführt und 1986 bei einem Konzert des London Philharmonic Orchestra erstmals international auf sich aufmerksam gemacht. Abbado kam dann zwei Wochen vor dem ersten Konzert ins Burgenland, um von da an alle Tuttiproben zu leiten und mit den jungen Menschen, so wie alle Dozenten auch, zu leben, zu musizieren, zu diskutieren, Spaß zu haben.

In den großen Speisezimmern herrschte reges Treiben. Zwar saßen die Ungarn, die Tschechen, die Österreicher noch eine geraume Weile an ihren jeweils eigenen Tischen, aber ich versuchte mit meinem Organisationsteam, diese Situation so rasch wie möglich aufzubrechen. Eine abwehrende Haltung gab es eigentlich nie, eher eine Sprachbarriere. Die Ungarn konnten allenfalls ein wenig Deutsch, Englisch wurde kaum gesprochen, eher Italienisch. Jedenfalls erinnerte mich die Situation an die Sprachenverwirrung beim Turmbau zu Babel – wenigstens in kleinem Maßstab.

Mit der ersten Gesamtprobe aber veränderte sich die Lage schlagartig, zumindest künstlerisch. Abbado begann mit Mahlers Erster Symphonie – und auf den ersten Einsatz war das ein Orchester! Was in den einzelnen Sectionals vorbereitet worden war, klang nun nach einem unverwechselbaren Idiom. Aus einer Idee war die Tat geworden, und sie erwies sich sofort als richtig. Es war unmittelbar zu spüren, dass trotz großer politischer Unterschiede und Differenzen zumindest in der Musik ein gemeinsames Erbe da war. Hier stimmte die gemeinsame Sprache auf Anhieb.

Nach diesem musikalischen Urerlebnis kam es auch menschlich zu einer lebhafteren Annäherung. Sie verstärkte sich von Tag zu Tag und erst recht im Verlauf der Tournee, als die einzelnen Nationen dann gewissermaßen zu ihrem jeweiligen Heimspiel antreten konnten.

Als es in den nächsten beiden Arbeitsphasen über die Grenzen ging, nach Szombathély in Westungarn und in den tschechischen Badeort Pistyan, da öffnete sich für die österreichischen Musiker dann auch ein ungewohnter Blick in den Osten, der nachhaltige Erfahrungen brachte. Ursprünglich konnten die Ostländer keinen finanziellen Beitrag zum Gustav Mahler Jugendorchester leisten, was sie aber durch ihre Gastfreundschaft mehr als wettmachten.

Eva Furrer, die damals als Flötistin im Gustav Mahler Jugendorchester saß und später Gründungsmitglied und führende Kraft im Klangforum Wien wurde, erinnert sich: »Ich habe sicher nie wieder eine derartige Intensität und Leidenschaft erlebt. Diese Frische, die die Konzerte gehabt haben, trotz der langen Arbeitsphase vorher, der Enthusiasmus und die große Verbundenheit, das, was Abbado wünscht, auch umzusetzen und zu musizieren – das alles sind für mich auch heute noch die schönsten und wesentlichsten Kriterien meiner Arbeit.« Ich habe diese Aussagen in einem Aufsatz für ein Buch über Claudio Abbado mit Freude und Dankbarkeit niedergeschrieben.

Ein nicht zu unterschätzendes Problem musste ich in Oberschützen pragmatisch anpacken: Viele der Musikerinnen und Musiker aus dem Ostblock hatten schlechte, zum Teil erbärmliche Instrumente. Also gründeten wir einen Fonds, um bessere Instrumente zu borgen oder sie fallweise sogar Musikern zu schenken. Aber in der ersten Phase der Arbeit des Gustav Mahler Jugendorchesters überwog ohnehin das emotionale Erlebnis den technischen Standard. Was nicht heißen soll, das Orchester habe lax musiziert: Die Qualität war schon durch die Ausbildung und die Probespiele auf hohem Niveau. Aber man sah eben gewisse, in der Zwischenzeit professionalisierte Dinge nicht so kritisch wie heute. Und wer weiß: Vielleicht sind ja sogar die schlechten Instrumente durch die ansteckende Begeisterung des gemeinsamen Musizierens von sich aus besser geworden.

Im Vorfeld der ersten Oberschützener Begegnungen hatte ich die Basis der Abwicklung und Organisation im Teamwork gelegt. Als Geschäftsführerin und gute Seele der Unternehmung fungierte Kristel Potocnik, Thomas Angyan kümmerte sich besonders um die Finanzierung durch die österreichische Bundesregierung und um Sponsoren, die für zunächst drei Jahre ihren Beitrag leisteten, Rainer Bischof war für den Kontakt zu Wien und zu den Hochschulen zuständig. Am 7. Mai 1986 wurde die Struktur durch die konstituierende Kuratoriumssitzung fixiert: Damit war auch rechtlich die Geburtsstunde des Gustav Mahler Jugendorchesters mit Datum und Siegel beglaubigt.

Claudio Abbado selbst hatte die Reihe der Dozenten bestimmt, sie waren sozusagen Männer seines Vertrauens, federführend etwa die Konzertmeister der Wiener Philharmoniker (der unvergessene Gerhart Hetzel) und der Wiener Symphoniker (Michael Schnitzler), wichtige Stimmführer wie Wolfgang Schulz (Flöte) oder Milan Turkovic (Fagott), angesehene Hochschullehrer und Orchestermusiker wie der Grazer Trompeter Hans Meister.

Alle Dozenten – und besonders jene aus den österreichischen Hochschulen, die dem monarchischen Orchesterprojekt ablehnend gegenüberstanden – zeitgerecht zusammenzutrommeln war Aufgabe des damaligen Vorstands der Wiener Philharmoniker, Alfred Altenburger. Tutoren kamen auch aus Abbados anderen Wirkungsstätten dazu: aus Mailand, aus London, aus Berlin. Als Abbado Chef der Berliner Philharmoniker wurde, verlagerte sich das Schwergewicht dann deutlich auf die Hauptstadt an der Spree.

Apropos Berlin: Wieder hatte sich Claudio Abbado etwas Besonderes ausgedacht, eine seiner berühmt-berüchtigten praktischen Ideen: Im Sommer 1988 sollte eine gemeinsame Tournee mit vorausgehender Arbeitsphase seiner beiden Jugendorchester, des Gustav Mahler Jugendorchesters und des European Community Youth Orchestra, stattfinden. Dafür stand die Berliner Philharmonie zur Verfügung. Auf dem Vorplatz wurde ein großes Gemeinschaftszelt errichtet. Für mich und meine Mitorganisatoren hieß das, nicht nur wie sonst 130, sondern – mitsamt einem Chor – mehr als dreihundert junge Musikerinnen und Musiker zu koordinieren und zu betreuen. Das Programm entsprach den gigantischen Anforderungen: Mahlers Dritte Symphonie und Schönbergs »Gurrelieder« und dazwischen, quasi als Erholung, ein kleineres Programm, das Václav Neumann dirigieren sollte. Das war tatsächlich das Allerschwierigste, was ich je gemacht habe, und ohne die vorbildliche Koordinationsarbeit des späteren Intendanten der Berliner Festspiele, Ulrich Eckhardt, wäre das Projekt, das letztlich sehr harmonisch verlaufen ist, nicht zu verwirklichen gewesen.

Eckhardt war der Verbindungsmann zu einer neuen Gruppe, die für das Gustav Mahler Jugendorchester gesucht wurde. Erstmals nämlich sollten auf Wunsch Abbados junge Musikerinnen und Musiker aus der DDR mitwirken. Diese besonders harte Nuss wurde mit vielen bilateralen deutsch-deutschen Kontakten geknackt. Wie in den anderen Ostblockländern zeigten sich auch die ostdeutschen Hochschulen erstaunlich kooperationsbereit, in Leipzig, Dresden und Ostberlin konnten die vorgesehenen Probespiele stattfinden. Und schließlich wurden so umfangreiche Ausreisegenehmigungen wie nie zuvor erteilt. Wieder einmal war also eine Vision Abbados Wirklichkeit geworden.

Der Kernklang des Gustav Mahler Jugendorchesters, mit seiner typisch mitteleuropäischen Basis einer sonoren Streicherkultur, erhielt damit ein neues Spektrum. Aus Ostdeutschland kamen vor allem exzellente Blechbläser und brachten ihre spezifische Farbe in den Gesamtklang des Orchesters ein. Vom Ausbildungsstandard her war das Niveau zu anderen Teilnehmern ohnehin nicht unterschiedlich, aber eine neue Harmonie stellt sich ja nicht unbedingt sofort ein. Hier glückte sie, und nicht nur die Auftritte in der Philharmonie, sondern auch das Open-Air-Konzert in der Waldbühne vor 20 000 Zuhörern waren Höhepunkte in der Geschichte der beiden Jugendorchester.

Leider stellte es sich heraus, dass sich immer weniger Österreicher für das Gustav Mahler Jugendorchester qualifizierten. Andererseits suchte man aber bewusst immer neue Konstellationen und gruppendynamische Zusammensetzungen. Die Mitwirkung wurde nicht automatisch verlängert, für jede Arbeits- und Reisephase mussten sich die Musikerinnen und Musiker neu qualifizieren. Dennoch: Die Grundidee hatte sich gefestigt. Und mein schönes, beglückendes Gefühl, das Gustav Mahler Jugendorchester sei eine echte Familiengeschichte, wurde in jeder neuen Arbeitsphase bestätigt. Als Claudio Abbado zu Ostern 1986 nach Oberschützen kam und das Orchester zum ersten Mal sah, da spürte ich sofort: Das war auch für ihn, der ja kein unbedingt hochemotionaler Mensch ist, eine Überraschung. Man konnte das an seinem Gesichtsausdruck sehen. Aber seine Arbeit mit den Jungen war ohnehin nicht zu vergleichen mit jener bei Profiorchestern. Ich habe oft erlebt, wie er beim London Symphony Orchestra oder bei den Wiener Philharmonikern, ohne ein Wort zu sagen, eine Stelle zwei-, drei- oder gar viermal wiederholen ließ. Er war stets der Meinung, die Profis müssten ohnehin hören, was sie falsch gemacht hätten. Den Jungen war er hingegen ein aufmerksamer, geduldiger, leitender Lehrer, mehr noch: ein väterlicher Freund.

Schon am Morgen kam er gutgelaunt, entspannt, voller Freude zum Frühstück. Er redete mit jedem Einzelnen. Es herrschte sofort eine freundschaftliche Atmosphäre, aber ohne kumpelhafte Aufdringlichkeit, immer mit der nötigen und richtigen Distanz. Er kannte zuletzt jede Musikerin, jeden Musiker mit Vornamen. Auf den Proben erklärte er ihnen geduldig technische Details, beantwortete Fragen zur Intonation, Artikulation, zu den Stricharten und zur Bogenführung. Aber viel mehr noch brachte er ihnen den Sinn der Musik nahe, machte ihnen die Absichten der Komponisten klar, erzählte Geschichten, die hinter einem bestimmten Werk stecken. Er animierte die Musiker und Musikerinnen beharrlich, über den eigenen Horizont hinauszuschauen, zur Vertiefung dieses oder jenes Buch zu lesen. Kaum je wurde er ungeduldig oder nervös, und wenn, dann schimpfte er sicherlich nicht mit den Musikern, sondern allenfalls da und dort mit einem Dozenten – oder mit mir.

Immer wieder betonte Abbado, dass er von der Arbeit mit den jungen Musikern genauso viel profitiere wie die Jungen hoffentlich von seinen Erfahrungen. Claudio hatte einfach von Anfang an eine sehr starke Affinität zu jungen Menschen, und er konnte ihnen diese Freude auch zeigen. Das war kein logisches Kalkül, das ist einfach in ihm drin.

Bis heute bin ich mit großer Freude im Vorstand des Gustav Mahler Jugendorchesters. Es ist mir zu einer Herzensangelegenheit geworden, auch wenn sich die geopolitische Lage verändert hat und mit ihr das Profil des Orchesters. Der Pioniergedanke, den Kulturkreis der ehemaligen Monarchie trotz Eisernem Vorhang mit einem großen symphonischen Ensemble zu vereinigen, ist einer globaleren Sichtweise gewichen. Die Europäische Union ist gewachsen, Österreich ist Vollmitglied. Und aus dem »Monarchieorchester« ist ein ausgezeichnetes europäisches Orchester geworden. Nach meinem Gefühl hat das Gustav Mahler Jugendorchester in der Qualität immens dazugewonnen. Aber vielleicht ist dadurch der einstige Mythos auch ein wenig verlorengegangen.

Der Einsatz für die beiden Jugendorchester hat mich nachhaltig geprägt; zu meiner Leidenschaft für das Neue kam die wunderbare Erfahrung mit jungen Künstlern. Mit großem Einsatz habe ich aber auch gerne über institutionelle Fragen nachgedacht, und mehrmals wurde ich dazu von oberer und oberster Stelle eingeladen.

Im März 1988 arbeitete ich im Auftrag der damaligen Unterrichtsministerin Hilde Hawlicek und des Salzburger Landeshauptmanns Wilfried Haslauer »Vorschläge zur Strukturveränderung der Salzburger Festspiele« aus. Als Generalsekretär des Wiener Konzerthauses hatte ich ja bereits ausgiebige berufliche Kontakte zu den Salzburger Festspielen aufbauen können. Meine Bekanntschaft mit dem Komponisten Gerhard Wimberger und dem Bankier Heinrich Wiesmüller und meine sommerlichen Aufenthalte in einem von Graf Walderdorff am Mondsee angemieteten Haus sicherten die Verbindungen zu Salzburg. Nach dem Abgang von Otto Sertl als Generalsekretär der Salzburger Festspiele 1986 wurde ich sogar als einer der möglichen Nachfolgekandidaten für den vakanten Posten gehandelt. Da aber zwischen dem amtierenden Präsidenten der Salzburger Festspiele, Albert Moser, und mir nicht gerade ein herzlich-freundschaftliches Verhältnis bestand, wurde damals Franz Willnauer bestellt. In Salzburg traf aber die künstlerischen Entscheidungen ohnedies unumstößlich Herbert von Karajan, als dessen Wunschkandidat Willnauer galt.

Zudem hätte mich die Salzburger Führungsaufgabe nur gereizt, wäre eine radikale Strukturveränderung durchsetzbar gewesen. Das aber war durch die dominierende Persönlichkeit Karajans zum damaligen Zeitpunkt so gut wie ausgeschlossen. Der Generalsekretär der Salzburger Festspiele war nur das ausführende Organ eines Direktoriums, in dem Karajan nach wie vor das unumschränkte Sagen hatte. Daran wollte man wohl auch aus menschlichen Erwägungen nicht rütteln: Der Dirigent ging auf die Achtzig zu und war ein kranker Mann, den man nicht mehr verletzen wollte. Seine Ära neigte sich dem Ende entgegen.

Im Direktorium selbst, dem formellen Führungsgremium der Festspiele, hatten 1988 neben Karajan andere Künstler Sitz und Stimme: der Opernregisseur Michael Hampe, der Regisseur und Schauspieler Otto Schenk, der Salzburger Komponist, Professor am Mozarteum und Dirigent Gerhard Wimberger. Dem Direktorium gehörten ferner der Präsident der Festspiele, Albert Moser, und als Konsulent Heinrich Wiesmüller an. Dieses Gremium arbeitete ehrenamtlich, was mir schon grundsätzlich nicht gefiel. Ich denke, man sollte für eine derart verantwortungsvolle Aufgabe auch honoriert werden. Zu sehr haben damals aber auch persönliche künstlerische Verflechtungen in den Festspielbetrieb und mancherlei Eigeninteressen eine etwas ungünstige Optik erzeugt.

Dennoch wurde auf politischer Ebene hinter den Kulissen schon an Weichenstellungen für die Zukunft der Salzburger Festspiele nach Karajan gearbeitet. Auf einer China-Reise kamen der Salzburger Kulturreferent und Landeshauptmann-

Stellvertreter Wolfgang Radlegger und die einflussreiche Wiener Kulturstadträtin Ursula Pasterk, beide führende Politiker der SPÖ, ins Gespräch, und Pasterk empfahl mich unumwunden für Salzburg.

Als möglicher neuer Präsident brachte sich der mächtige ORF-Generalintendant und gebürtige Salzburger Gerd Bacher ins Spiel. Er wollte mich ins Boot holen. Indiskretionen brachten indes Bacher vorzeitig zu Fall. Karajan, der Wind davon bekam, drohte seinen Rückzug an und musste besänftigt werden. Bacher war schließlich das Bauernopfer für einen karajanidischen Frieden der letzten Jahre. Da nun aber eine weitreichende Entscheidung definitiv auf die lange Bank geschoben war, waren weder Neuerungen noch inhaltliche Reformen des erstarrten Festspielkonzepts aktuell auf die Tagesordnung zu bringen. Es hieß warten. Und nach Möglichkeit Kompromisse schließen.

Mit 1. Jänner 1988 wurde ich über Vorschlag der Unterrichtsministerin schließlich mit dem Auftrag ins Direktorium der Salzburger Festspiele entsandt, eine Analyse des Status quo der Festspiele zu erarbeiten. Vielleicht war es ein Vorteil, dass ich von außen kam, demnach weder einem Salzburger Klüngel angehörte noch eigene künstlerische Ambitionen hegte. Zugleich wurde ich als Direktoriumsmitglied aber mit den internen Vorgängen so vertraut gemacht, dass ich meine Einschätzung der Lage auch mit der nötigen Innensicht abgeben konnte. Auch Herbert von Karajan akzeptierte mich als neues Mitglied und versorgte mich höflich mit Informationen aus seiner Sicht, die selbstverständlich nur das Beste über die Lage aussagten. Am Ende eines unserer Gespräche musste ich den Maestro allerdings doch darauf hinweisen, dass dies nur seine subjektive Seite der Betrachtung der Lage sei und ich wohl auch, dem Gebot der Objektivität folgend, andere Aussagen über den Zustand der Salzburger Festspiele aufschreiben und in meiner Einschätzung der Lage festhalten müsse. Worauf Karajan nur nuschelte: »Schreiben Sie, was Sie wollen.« Er hielt mich als Neuling im Festspielbund nur für eine Marginalie. Die Vorschläge jedenfalls, die ich im März 1988 übergab, hat Karajan schließlich mit dem unfreundlichen Diktum quittiert: »Seifenblasen eines Dilettanten.«

Der Dilettant freilich hatte einen heiklen Balanceakt zu vollführen. Grundsätzlich konnten zwei Dinge nicht geschehen: Karajans Position antasten und das Bundesgesetz über den Salzburger Festspielfonds gefährden. Dieses Gesetz vom 12. Juli 1950 regelt bis auf den heutigen Tag den Aufteilungsschlüssel der Subventionen zwischen Bund, Land und Stadt Salzburg und Fremdenverkehrsförderungsfonds. Und es besagt vor allem, dass die öffentliche Hand die Abgänge der Salzburger Festspiele zu decken habe. An dieser komfortablen Lage will man verständlicherweise nicht rütteln, weil aus eventuellen Gesetzesänderungen Nachteile für die Salzburger Festspiele erwachsen könnten.

Gleichwohl bleibt, so war ich überzeugt, Freiraum für Veränderungen bei den einzelnen Organen des Festspielfonds. Ich wies in meinen Vorschlägen beispielsweise darauf hin, durch den jährlich zwischen den Rechtsträgern wechselnden Vorsitz im Kuratorium sei es »unerfüllbar«, dass das Kontrollorgan der Salzburger Festspiele seine Aufgabe gebührend wahrnehmen könne. Deswegen solle das Kuratorium einen ständig mit der internen Kontrolle Beauftragten ernennen, damit die Kontrollorgane nicht allein auf die Berichte des Direktoriums und des Generalsekretärs angewiesen seien.

Ein Hauptkritikpunkt war, dass das Fünfer-Direktorium ein äußerst schwerfälliges Instrument und keineswegs in der Lage sei, ein Unternehmen wie die Salzburger Festspiele in wirtschaftlicher und künstlerischer Hinsicht erfolgversprechend zu leiten. Durch das Ehrenamt und künstlerische Tätigkeiten der Mitglieder auf internationaler Ebene war ja das Direktorium gleichsam eine Versammlung von Liebhabern. Einzelne Mitglieder mussten sich häufig von ihrer Anwesenheitspflicht entschuldigen. Da zudem die Führungsrolle des Präsidenten nicht klar definiert war und er nur im Einvernehmen mit den übrigen Mitgliedern entscheiden konnte, sprach ich in meinem Papier von einem »Führungsvakuum innerhalb und außerhalb des Betriebes«. Und: Herbert von Karajans Sonderstatus, der, beglaubigt durch einen Brief des Landeshauptmanns, alle ihn direkt oder indirekt betreffenden Agenden eigenmächtig entscheiden konnte, kam einer Ausschaltung des Direktoriums gleich.

Zur Führungsschwäche trug auch die Rolle des Generalsekretärs bei, die weder gesetzlich gedeckt noch durch klare Richtlinien geregelt war. Er konnte aus eigener Initiative keine Akzente setzen, weil er alle Beschlüsse nach dem Gesetz des Direktoriums treffen musste. Der Generalsekretär war also bloß ausführendes Organ ohne Entscheidungsbefugnis.

Dem »Sonderfall Karajan« widmete ich in dem damaligen Konzept eine ausführliche Beschreibung, deren Zusammenfassung ich wörtlich zitieren möchte:

»Im Sommer 1988 wurden (...) die künstlerischen und organisatorischen Probleme in einem solchen Maße nach außen sichtbar, daß von Politikern und Medien eine Änderung in der Leitung der Festspiele gefordert wurde. Herr von Karajan hat sich aus dem Direktorium zurückgezogen und seine Mitwirkung bei den Festspielen 1989 von der Annahme bestimmter Bedingungen abhängig gemacht. Die Krise verschärfte sich, als die Wiener Philharmoniker sich mit Herbert von Karajan solidarisch erklärt haben, wodurch die Veranstaltungen der Festspiele 1989 in hohem Maße gefährdet wurden. In dieser Situation hat Herr Landeshauptmann Dr. Haslauer im Namen des Kuratoriums entschieden, daß Herrn von Karajan das alleinige Dispositionsrecht für seine Produktionen im Hinblick auf Regie, Besetzung und musikalische Gestaltung zugesichert wird. Außerdem wurde bekräftigt, daß die Leitung der Salzburger Festspiele, d.h. Präsident und Generalsekretär, unverändert bleibt und die Vorschläge Herrn von Karajans auszuführen hat. Es muß daher zur Kenntnis genommen werden, daß an eine Strukturveränderung oder gar eine künstlerische Neuorientierung nicht gedacht werden kann, solange diese Vereinbarung in Kraft ist.«

Klar war für mich, dass Karajans Befugnisse den gesamten Betrieb der Salzburger Festspiele in Mitleidenschaft zogen. Keine Disposition war möglich, solange der Maestro nicht seine eigenen Wünsche deponiert hatte. Was konnte tatsächlich wann in welchen Festspielhäusern stattfinden? Wie konnten die Werkstätten effizient arbeiten? Wie wurden die Wiener Philharmoniker als das führende Orchester Salzburgs behandelt? Deshalb forderte ich unmissverständlich eine klare, von den Organen der Festspiele durchgeführte Gesamtplanung, der sich sämtliche Produktionen, auch jene Karajans, einzufügen hätten. Da meldete sich wieder die Ader des Kaufmanns. Ich mahnte streng effektive Wirtschaftlichkeit an und schrieb: »Die Salzburger Festspiele sind ein Unternehmen im wirtschaftlichen Sinne und müssen daher auch wie ein bestgeführter Betrieb geleitet werden. Die wichtigste Maßnahme, die sofort greifen muß, ist eine genaue Vorausplanung auf mindestens zwei bis drei Jahre. Es hat sich klar herausgestellt, daß die meisten Fehlinvestitionen und unnötigen Ausgaben auf zu kurzfristige Planung zurückzuführen sind.«

Gleichzeitig musste für die Salzburger Festspiele höchste,

internationale künstlerische Qualität eingefordert werden. In meinem Dreizehn-Punkte-Programm legte ich Wert auf einen synästhetischen und spartenübergreifenden Ansatz. Er kam aus der Überlegung heraus, zentrale künstlerische Positionen in Werk (Mozart, Richard Strauss, neue Werke) und Interpretation nicht nur von Salzburg aus international ausstrahlen zu lassen, sondern auch genuine Salzburger Kreationen zu finden, die nur hier und im Kontext von Geschichte und Gegenwart der Festspiele zu verwirklichen seien. »Gedanken und Ideen« sollten aus dem Ort, aber auch von Künstlern kommen, die zu kontinuierlicher Mitarbeit eingeladen werden müssten. Ich dachte schon damals an eine optimale mediale Verwertung ebenso wie an ein zeitgemäßes Erscheinungsbild und eine schlagkräftige Öffentlichkeitsarbeit (»Die Aktivitäten des Pressebüros werden derzeit jedenfalls von jenen der Plattenfirmen bei weitem übertroffen«, notierte ich im Resümee). Ich dachte nicht nur an Stars, sondern auch an junge Künstler, für die Salzburg ein Sensorium entwickeln sollte. Und ich plädierte für speziell für den Anlass erarbeitete Programme.

Zwei Punkte waren für mich vor dem Hintergrund der erstarrten Festspielphilosophie besonders wichtig: Alle in Salzburg beheimateten künstlerischen Kräfte sollten ohne die bisher üblichen Konkurrenzängste und unter der Schirmherrschaft der Festspiele zur Zusammenarbeit eingeladen werden. Und: Angesichts der teilweisen Öffnung des Eisernen Vorhangs sollte Salzburg zum Ort der Begegnung zwischen Künstlern und Denkern aus verschiedenen Gesellschaftssystemen in Ost und West gemacht werden. Salzburg sollte für sie den Rang eines ständigen Treffpunktes gewinnen.

Österreichische Identität und Identifikation mit Ort und Wirkungskraft der Salzburger Festspiele waren für mich selbstverständlich. Ab 1992 konnte ich sie dann als Verantwortlicher für den Konzertbereich selbst stiften. Diese Art von Weltbürgerlichkeit war für mich schon aus meiner Biographie heraus stets besonders bestimmend. Auf die engen Grenzen der damaligen Salzburger Festspiele mussten solche Vorschläge freilich mehr wie Sprengsätze wirken und nicht wie »Seifenblasen eines Dilettanten«.

Ich versuchte in meinem Papier zu konkreten Schlussfolgerungen zu gelangen. Die wichtigste Veränderung sollte die gestraffte Führungsstruktur betreffen. Statt fünf ehrenamtlicher Direktoriumsmitglieder sollten zusammen mit dem Präsidenten (der auch den Titel »Intendant« führen könnte) zwei weitere fix besoldete Mitglieder ein Dreierdirektorium bilden: ein künstlerisch und ein kaufmännisch Verantwortlicher. Die Wiedereinsetzung des schon in den 1950er Jahren im Gesetz vorgesehenen »Kunstrats«, der durch wichtige internationale künstlerische Persönlichkeiten für jeweils drei Jahre gesamtinhaltliche Visionen für die Salzburger Festspiele zu entwerfen hätte, erwog ich hauptsächlich deshalb, um Karajan ein künstlerisches Ehrenamt zu geben und ihm damit einen würdigen Rang zu sichern. Er hat dankend abgelehnt. Ich schloss daraus, dass der Maestro schon mit den Festspielen abgeschlossen und sich innerlich zurückgezogen hatte. Am 16. Juli 1989, mitten in den Proben zu seinem letzten Wunschprojekt, Verdis »Ballo in maschera«, erlag Herbert von Karajan dann in seinem Haus in Anif einem Herzversagen.

Vorerst blieb nach Karajans Tod die alte Führung im Amt, und ich sprach mich sogar deutlich dafür aus: Albert Moser, der lebenslange treue Karajan-Diener, sollte vorerst Präsident bleiben, obwohl Karajan selbst ihn hatte fallen lassen. Und zudem waren durch ein Jubiläum die Weichen längst gestellt: 1991 feierte die Welt die 200. Wiederkehr des Todestages von Mozart. Mozarts wichtigste Opern, die sogenannten »sieben Großen« von »Idomeneo« bis »La clemenza di Tito«, sollten aufgeführt werden, die Planungen waren fixiert. Somit war den alten Festspielen ein würdevoller Abschied möglich.

Für die Suche nach dem Nachfolger Herbert von Karajans und seines Direktoriums berief die damalige Unterrichtsministerin Hilde Hawlicek im Einvernehmen mit dem Salzburger Landeshauptmann Wilfried Haslauer eine Findungskommission. Sie sollte aus fünf Mitgliedern bestehen, paritätisch besetzt von Subventionsgebern und Trägern des Salzburger Festspielfonds. Die Ministerin selbst verlängerte mein bestehendes Mandat. Das Land Salzburg nominierte Heinrich Wiesmüller, die Stadt einen weiteren Bankier, Gerhard Schmid, der Fremdenverkehrsförderungsfonds den Kaufmann Wolfgang Gehmacher, und von den Wiener Philharmonikern wurde deren Vorstand, Werner Resel, namhaft gemacht, der allerdings nur eine beratende Stimme hatte. Mir wurde die Organisation übertragen, ich war somit Primus inter Pares. Die von mir ausgearbeiteten Reformvorschläge sollten die Basis für das Anforderungsprofil des neuen Festspielleiters bilden. Der Auftrag an die Findungskommission lautete, dem Kuratorium möglichst einen Dreiervorschlag für einen Intendanten vorzulegen. Erst danach sollten die Positionen des Präsidenten und der kaufmännischen Leitung besetzt werden.

Jeder der Beteiligten hatte Kontakte zu potenziellen Kandidaten aufgenommen, die Koordination erfolgte bei mehreren geheimen Treffen am Stadtrand Salzburgs, im Hotel Brandstätter. Dass diese Findungsarbeit trotz des notorischen österreichischen Hangs zu Indiskretionen und damit zu Vorveröffentlichungen in der Presse wirklich im Stillen vor sich gehen konnte, erforderte einiges diplomatisches Geschick. Sechs bis sieben ernsthafte Kandidaten wurden von uns ausfindig gemacht, mit ihnen wurden intensive Gespräche geführt, um auszuloten, welche Perspektiven für die Salzburger Festspiele entstehen konnten. Es gab aber keinerlei Vorgaben und Einflussnahmen in welche Richtung auch immer. Das bedeutete auch, dass die Wiener Philharmoniker als das mächtigste und einflussreichste künstlerische Kollektiv auf Reformkurs eingebogen waren und eine Strukturveränderung befürworteten.

Dirigenten, Regisseure, Kulturmanager standen auf unserer Wunschliste; der damalige Leiter des Brüsseler Théâtre Royal de la Monnaie, Gerard Mortier, war einer der engen Anwärter, und ich favorisierte ihn, aber das Rennen war bis zuletzt offen. Es spielte sich schließlich zwischen vier Kandidaten ab: dem Dirigenten Christoph von Dohnányi, dem Leiter des Edinburgh Festivals, Brian McMaster, dem Chef der English National Opera, Peter Jonas, und Mortier, dessen Musiktheater-Modell in den 1980er Jahren in Brüssel für europaweites Aufsehen im Opernbetrieb sorgte. Vor allem die Mozart-Inszenierungen seiner engen Weggefährten Patrice Chéreau und Luc Bondy sowie der eher aus Zufall zustande gekommene Versuch, den bedeutenden Bühnenbildästheten Karl-Ernst Herrmann, der unvergleichliche Ausstattungen für die Berliner Schaubühne geschaffen hatte, erstmals ans Regiepult zu holen, machten Brüssels Oper zu einer ersten Adresse.

Psychologische Genauigkeit und sensible Vergegenwärtigung der Operndramaturgie als Symbiose von Text und Musik, Szene, Klang und Gesang konnten – auch – als ein Gegenentwurf zu den kritisch-politischen Lesarten gesehen werden, wie sie aus der legendären Ära von Michael Gielen in Frankfurt

Ursel und Karl-Ernst Herrmann, Hans Landesmann, Gerard Mortier

oder der ostdeutschen Felsenstein-Tradition bekannt und prägend waren. Von beiden Mustern war Salzburg unendlich weit entfernt. Eine zeitgemäße Musiktheater-Sprache war auch in Wien so gut wie unbekannt – vielleicht war dies eine Quelle vieler späterer Missverständnisse und Missvergnügen vornehmlich der Wiener Kritik, als der mit 1991 zum künstlerischen Leiter der Salzburger Festspiele bestellte Mortier seinen in Brüssel eingeschlagenen Weg in Salzburg fortzusetzen trachtete. Er war eigentlich, als Mortier in Salzburg sein Amt antrat, längst nicht mehr neu oder gar revolutionär.

Wie stuften wir in der Findungskommission die Kandidaten ein? Christoph von Dohnányi war ein international vielbeschäftigter Dirigent, hatte aber nach Karajan wohl nicht die Aura, um als Künstler zur neuen Salzburger Galionsfigur zu werden. Brian McMaster besaß ein ganz erhebliches Manko: Er sprach kein Wort Deutsch. Und Peter Jonas, der schon knapp daran war, gekürt zu werden, nahm sich selbst aus dem Spiel.

Nach reiflicher Überlegung und ausführlich begründet in einem Schreiben an mich als Kommissionsvorsitzenden entschloss er sich aus freien Stücken, lieber seine Arbeit in London fortzusetzen als nach Österreich zu übersiedeln.

Dem Kuratorium der Salzburger Festspiele konnten wir somit keinen erwünschten Dreiervorschlag zur Auswahl vorlegen, sondern nur einen einzigen Kandidatennamen: Gerard Mortier, der mit September 1991 für zunächst fünf Jahre zum neuen künstlerischen Leiter der Salzburger Festspiele bestellt wurde.

Ich sah mich natürlich sofort Verdächtigungen ausgesetzt, ich hätte Mortier von Anfang an bevorzugt und schließlich durchgedrückt. Und dass ich auf Vorschlag Mortiers auch noch zum kaufmännischen Direktor der Festspiele aufstieg, wurde mit der Bemerkung quittiert, hier habe sich wohl ein Finder selbst gefunden.

Ich kann den Vorgang objektivieren: Ich habe Mortiers Brüsseler Arbeit gut gekannt und sehr geschätzt, was er für eine zeitgemäße Opernästhetik getan hat. Ich dachte also, genau das sei es, was Salzburg brauche. Während der Verhandlungen hielt ich Mortier in meinem Haus am Mondsee versteckt, und dort kam zusammen mit Heinrich Wiesmüller, der schließlich als Nachfolger Albert Mosers zum Präsidenten der Salzburger Festspiele ernannt wurde, die Überlegung auf, ich sollte Finanzchef der Salzburger Festspiele werden. Von Anfang an habe ich unmissverständlich klargemacht, ich würde die Position nur annehmen, wenn ich auch künstlerisch etwas mitgestalten könne. Und so verständigte man sich eben darauf, dass ich die Konzertagenden bekommen solle. Ich fühlte mich dazu sehr wohl in der Lage, denn ich hatte immer wieder, von meiner Funktion als Generalsekretär des Wiener Konzerthauses bis zu der Zeit, als ich Festivalleiter in London war, künstlerisch gearbeitet. Auch in meinen Vorschlägen zur Strukturveränderung nahmen künstlerische Überlegungen einen wichtigen Platz ein, und es war für mich sehr erfreulich, dass Gerard Mortier grundsätzlich mit ihnen konform ging. Dass sich im Konkreten Ansichten änderten und schließlich auch unsere Wege trennten, liegt in unserem unterschiedlichen Naturell: Ich bezeichne mich eher als einen Pragmatiker, Mortier könnte man einen Visionär nennen. Aber davon später.

Politisch war Gerard Mortier rasch durchsetzbar. Der gewiefte Taktiker und Kommunikator wusste auch geschickt vorzugehen, sich mit jedem der Kuratoren ins Einvernehmen zu setzen, und er hatte die internationale Presse hinter sich. Die Lösung, die Salzburg für die Nachfolge Karajans getroffen hatte, wurde allgemein begrüßt und einhellig als notwendiger Neuanfang interpretiert. Auch wichtige Künstler signalisierten ihre Zustimmung, etwa Claudio Abbado, der als neuer Chefdirigent der Berliner Philharmoniker und damit automatisch auch als Leiter der Salzburger Osterfestspiele ein bedeutendes Wort mitzureden hatte. Abbado wusste aus unserer Zusammenarbeit, dass er in mir einen Verbündeten hatte. Einzig Pierre Boulez warnte vor übertriebener Euphorie. Er kannte Mortier seit seiner Zeit als Berater bei der Errichtung der Bastille-Oper in Paris. Gemeinsam hatte man dort für einen variablen Saal gekämpft, der nicht dem starren Guckkastensystem verpflichtet sein sollte. Als Mortier freilich merkte, dass dies politisch nicht durchsetzbar sein würde, zog er sich zurück. Das nahm ihm Boulez eine Zeitlang übel. Es gereichte Salzburg aber nicht zum Nachteil, denn Boulez sollte sogleich eine der zentralen Künstlerpersönlichkeiten für das neue Salzburg werden. Schon 1992 kam es zur ersten Begegnung mit den

Wiener Philharmonikern, aus der sich schließlich eine langfristige, freundschaftliche Zusammenarbeit ergab.

Ende 1989 jedenfalls begannen unsere gemeinsamen Planungen für die erste Spielzeit, den Festspielsommer 1992. Es war eine knappe Frist, gemessen an dem, was wir für Salzburg vorhatten. Vor allem Mortier ließ seine Muskeln spielen. Von den sieben geplanten szenischen Opernproduktionen waren vier Neuinszenierungen, nur eine Übernahme aus der Karajan-Ära (»Le nozze di Figaro«), eine weitere ein als Neuinszenierung ausgewiesenes Remake aus Brüssel (»La finta giardiniera«), eine Kooperation mit den Osterfestspielen (»Die Frau ohne Schatten« von Richard Strauss). Ein achtes Stück, Rossinis »Tancredi«, war eine konzertante Aufführung. So viele Opernproduktionen hatte es in Salzburg zuvor wohl noch nie gegeben.

Das gewichtigste musiktheatralische Projekt dieses ersten Sommers war die Inszenierung von Olivier Messiaens riesenhaftem Bilderbogen »Saint François d'Assise« in der Felsenreitschule. Das mit Pausen rund sechsstündige Opus magnum des großen Einzelgängers der französischen Musik, der acht Jahre an dem Werk gearbeitet hatte, war seit seiner Uraufführung in Paris am 28. November 1983 nie nachgespielt worden. Mortier holte dafür den amerikanischen Regisseur Peter Sellars erstmals nach Salzburg, der nicht zuletzt wegen seiner gewagten Inszenierungen von Mozarts Da-Ponte-Opern als Enfant terrible galt. Er öffnete die Felsenreitschule für das einzigartige Werk, in der Ausstatter George Tsypin eine kühne Holzkonstruktion errichtete. Als Residenzorchester war das Los Angeles Philharmonic Orchestra unter Esa-Pekka Salonen extra für dieses Projekt engagiert, das zu einem durchschla-

Pierre Boulez und Hans Landesmann

genden Erfolg wurde und das sperrige Werk als ein Meisterstück des zwanzigsten Jahrhunderts durchsetzte.

Bedenkt man, dass mit der Verpflichtung von Peter Stein als Direktor des Schauspiels auch diese Sparte einen neuen, in der Festspielgeschichte seit der Gründung nicht derart zentralen Stellenwert zugesprochen bekam, und erinnert man sich an Steins Programm, dann werden die Umwälzungen für das neue Salzburg noch weiter evident: Stein inszenierte selbst Shakespeares »Julius Cäsar« mit einem ausgewählten eigenen Ensemble, er holte den Polen Andrzej Wajda mit einem polnischen Nationalstück, Stanisław Wyspiańskis »Wesele«, nach Salzburg und setzte einen weiteren internationalen Akzent mit einer Antikentrilogie des rumänischen Regisseurs Andrei Şerban in der neuen Spielstätte auf der Pernerinsel in Hallein, vor den Toren der Stadt. Das alles war dezidiert mit dem Auftrag verbunden, gerade über das Schauspiel die Salzburger Festspiele für neue Publikumsschichten zu öffnen. Mit einem Schlag waren rund 40 000 Festspielkarten mehr im Angebot – und Peter Steins Verführungskraft wirkte auf Anhieb erste Wunder. Der Festspielbezirk wurde zur weltoffenen Begegnungsstätte, das Programm bediente Tradition gleichermaßen wie Erneuerung.

Ich selbst konnte als Konzertchef rund siebzig Konzerte programmieren – eine nie zuvor gekannte Fülle, nicht nur in der Anzahl, sondern auch in der Verschiedenheit der Stile und der pluralistischen Interpretationen sowie in gezielten Schwerpunkten, die ich setzen wollte. Da hatten die in Salzburg seit je unglaublich beliebten Solisti Veneti von Claudio Scimone ebenso ihren Platz wie William Christies zuvor noch nie in Salzburg gewesene »Les Arts Florissants« oder Philippe Herreweghes Chapelle Royale. Es traten Publikumslieblinge und Stars wie Anne-Sophie Mutter, Alfred Brendel, Rudolf Buchbinder, Dietrich Fischer-Dieskau, Marjana Lipovšek und Nikolai Ghiaurov auf, und es erschien eine ganze Reihe internationaler Orchester, die nicht nur beliebig Gaststation machten: aus St. Petersburg und Los Angeles, Cleveland und Birmingham.

Drei Auftritte waren von mir in diesem ersten neuen Salzburger Festspielsommer als programmatische Statements gedacht: die mit der Landesregierung ausgerichtete Eröffnungsveranstaltung mit dem Gustav Mahler Jugendorchester, das unter der Leitung von Michael Gielen Mozart und die Sechste Symphonie von Mahler musizierte, Beethovens »Missa solemnis«, mit der Nikolaus Harnoncourt, bis dato aus dem Salzburger Festspielkreis verbannt, seinen fulminanten Einzug hielt, und die umfassende Porträtreihe, mit der Pierre Boulez als Komponist und Interpret vorgestellt wurde. Das waren Programme, die eine Aufbruchstimmung signalisierten, ohne mit Traditionen zu brechen, die für die Salzburger Festspiele unabdingbar waren und auch unantastbar geblieben sind. Es hatte sich nur das Panorama der Kunst mit einem Schlag geweitet und Perspektiven von bislang noch nicht gekanntem Reichtum eröffnet. Nicht nur Programme bekamen Kontur, es wurde auch ein spezifisches Programm entwickelt, gedanklich und ideell durchdrungen und zu einer großen, mehrwöchigen Einheit gebündelt. Man hatte seit langem wieder das Gefühl, hier würden tatsächlich Festspiele entstehen, genuine Manifestationen für einen Ort, nicht die Bedienung eines Luxus-Supermarkts der Kunst.

Dass dies auch Geld kostete, stand außer Frage. Insbesondere Peter Stein stellte hohe Forderungen für sein Programm. Schließlich war seit Giorgio Strehlers »Spiel der Mächtigen« (1973/74) kein Schauspiel mehr in der Felsenreitschule aufgeführt worden. Man musste aber nicht nur diese Spielstätte adaptieren, sondern auch die alte Salinenhalle auf der Pernerinsel, die Michael Stolhofer für das alternative Tanz- und Theaterfestival »Szene« und eine Aufführung der »Dragon's Trilogy« von Robert Lepage entdeckt hatte und die Peter Stein sogleich elegant für die Festspiele vereinnahmte.

Der Finanzbedarf sah seitens der Festspiele für fünf Jahre rund fünfzehn Millionen Schilling mehr pro Jahr vor. In einem Gespräch mit dem damaligen SPÖ-Bundeskanzler Franz Vranitzky bekamen wir grünes Licht für diesen Sonderbedarf, mit der Auflage, dass die Festspiele selbst die Hälfte ihrer Rücklagen dafür auflösen müssten. Später wurde dies gerne als Verscherbeln des Familiensilbers dargestellt.

Über Geldfragen herrschte auch bald Streit zwischen dem Intendanten und mir als dem kaufmännischen Direktor. Obwohl das Direktorium einstimmige Beschlüsse fällen musste, preschte Gerard Mortier immer wieder mit Alleingängen vor. Er verhandelte ohne Abstimmung mit mir wichtige Gagen, wollte zum Beispiel gleich anfangs dem Cleveland Orchestra doppelt so viel zahlen wie den Wiener Philharmonikern, was das Gagengefüge aus dem Gleichgewicht gebracht hätte. Ich legte klarerweise mein Veto ein, und darüber kam es zu ersten, ernsthaften Spannungen.

Ich pochte im finanziellen Bereich stets auf das Vier-Augen-Prinzip, also darauf, dass Verträge im Direktorium gegengezeichnet werden müssten. In zwei wichtigen Fällen hat Mortier dieses Prinzip eklatant verletzt: im Falle einer Koproduktion mit der Stuttgarter Staatsoper, mit der wir Helmut Lachenmanns aufwendige Oper »Das Mädchen mit den Schwefelhölzern« produzieren wollten, und im Falle einer Schallplattenaufnahme von Messiaens »Saint François d'Assise«. Der Verlust für Lachenmann betrug vier oder fünf Millionen Schilling, da der Stuttgarter Opernchef Klaus Zehelein auf Einhaltung der Koproduktion klagte. Wenn nämlich der Partner nicht weiß oder ihm nicht bewusst gemacht wird, dass es einen Vertrag mit Gegenzeichnung braucht, kann er in gutem Glauben annehmen, dass ein Vertrag mit nur einer Unterschrift rechtsgültig sei. Mortiers Alleingang war demnach aus Stuttgarter Sicht korrekt – und von dort aus waren bereits weitere Kooperationen (mit Paris) vereinbart. Der angestrengte Prozess ging durch drei Instanzen, und die Salzburger Festspiele haben ihn verloren.

Der zweite Fall eskalierte dadurch, dass die Salzburger Festspiele für das geplante Schallplattendokument der Messiaen-Oper für die Schallplattengesellschaft das Orchester hätten bezahlen sollen. Auch das sicherte Mortier vertraglich zu, ohne mich davon in Kenntnis zu setzen. Als ich mich weigerte, gegenzuzeichnen, war der Zug in gleicher Weise wie im Falle

Stuttgart bereits abgefahren. Der Verlust betrug zwei Millionen Schilling.

Solche internen Verwerfungen waren gewiss in Mortiers Persönlichkeit angelegt. Er wollte als großer Reformintendant in die Geschichte der Salzburger Festspiele eingehen und, so denke ich im Rückblick, zwölf Jahre lang einfach zeigen, dass er der Alleinherrscher sei. Das ging oft bis in kleinste, skurrile Details: Als sich die Salzburger Festspiele ein neues Faxgerät anschafften, ließ Mortier gleich dreimal seinen Namen auf das Gerät schreiben, um sein Besitzrecht zu deponieren. Ich bekam schließlich ein eigenes Gerät.

Auch wenn in der programmatischen Ausrichtung der Festspiele grundsätzlich Einvernehmen über die künstlerische Richtung herrschte, konnte es Mortier offenbar nie wirklich verwinden, die Konzertagenden abgegeben zu haben. Das saß wie ein Stachel in seinem Fleisch. Auch hier nur ein Detail: Ohne mich zu unterrichten, legte er die Programmierung der traditionsreichen Mozart-Matineen in die Hände der Internationalen Stiftung Mozarteum, was mich sehr verärgerte, weil ich das ja ganz gut selber hätte machen können. Auch wenn es in jedem Einzelfall letztlich Kompromisse gab: Mortier musste immer zeigen, dass er der Intendant war.

Der letzte große Kampf entbrannte um die Vertragsverlängerung mit Peter Stein (der sich selbst Mortier immer mehr entfremdete, um schließlich nur mehr verächtlich von ihm als »der Belgier« zu sprechen). Ich wollte Stein in Salzburg halten, trotz seiner auch im Kuratorium kritisierten Geldgier: Selbst für kleine Shakespeare-Bearbeitungen streifte er zehn Prozent Tantiemen ein. Das setzte Mortier schließlich ein, um Stein auszuhebeln. Ich suchte bei einem Treffen mit Stein in Rom einen Kompromiss; der wäre möglich gewesen, doch hatte Mortier bereits den Nachfolger parat: Ivan Nagel. Diesen Namen unterbreitete er auch Unterrichtsminister Rudolf Scholten, während ich mich noch für Stein starkmachte. Scholten leitete daraus Kompetenzschwächen des Direktoriums ab, war ungehalten über zwei Alleingänge und gab schließlich Mortier Recht: Er habe als Intendant die künstlerische Letztverantwortung. So wurde aus großen Plänen Peter Steins für Salzburg schließlich nichts mehr: aus der Erneuerung des »Jedermann« und der Inszenierung der sogenannten »grünen Stücke« Shakespeares »Was ihr wollt«, »Wie es euch gefällt«, »Viel Lärm um nichts«. Stein resignierte verbittert. Ivan Nagel kam – und gab schließlich nach nur einem Sommer, 1998, aus gesundheitlichen Gründen wieder auf. Er hatte dem Druck nicht standgehalten.

Offen gesagt: Finanzdirektor der Salzburger Festspiele zu sein, war kein Vergnügen. Ich kannte das Geschäft zwar schon lange, war aber immer begierig darauf, neue Erfahrungen zu machen. Diese betrafen im Falle Salzburgs die umfassende Verantwortung für einen kulturellen Großbetrieb. Hier mussten nicht nur Konzerte berechnet oder Strukturen eines Spezialfestivals geschaffen und erfüllt werden. Insbesondere die Kalkulation und künstlerische Mitdisposition von Großprojekten in Oper und Theater waren eine Herausforderung. Man musste nicht nur die Größenordnungen finanziell entsprechend disponieren, sondern auch den gesamten Apparat.

Oft hatte man beklagt, dass in der Ära Karajan vor allem der Ausstattungsprunk überhandgenommen habe: Das Teuerste musste es sein – und da die öffentliche Hand per Festspielgesetz ohnehin verpflichtet war, jeden Abgang zu tragen, schien Geld keine Rolle zu spielen. Nun sind im neuen Salzburg die Opernproduktionen auch nicht billiger geworden. Dennoch konnte vor allem im Etat für Bühnenbild und Kostüme entschieden gespart werden, und auch die Werkstätten arbeiteten effektiver. Dafür sind aber die Regiegagen deutlich gestiegen. Und sehr, sehr teuer waren und sind die Wiener Philharmoniker. Doch ist zu bedenken, dass sie in drei oder vier Orchesterproben das zu leisten imstande sind, wofür andere Orchester das Doppelte brauchen. So konnte im Standardrepertoire mit relativ wenigen Proben – die ja auch ins Geld gehen – höchste Qualität gewährleistet werden.

Mussten oder sollten die Wiener Philharmoniker hingegen weniger geläufige, besonders zeitgenössische Werke einstudieren, war eine aufwendigere Vorbereitung unabdingbar. Erst gegen Ende unserer Ära war eine stärkere Kulanz in der Probenabgeltung möglich. Bei den sieben Orchesterproben für Olivier Messiaens »Turangalîla«-Symphonie unter Zubin Mehta kamen sie uns finanziell sehr entgegen. Aber mit den Pfunden ihres Marktwerts haben die Wiener Philharmoniker in Salzburg durchaus gewuchert.

Innerhalb des Direktoriums sah ich mich selbst permanent als Moderator; dies umso stärker, als mit dem überraschenden Rückzug von Heinrich Wiesmüller als Festspielpräsident nach drei Jahren 1994 und der im Jänner 1995 erfolgten Berufung von Helga Rabl-Stadler zu dessen Nachfolgerin die Gewichte im Direktorium neu verteilt wurden. Wiesmüllers über dreißigjährige Erfahrung in den verschiedenen Festspielgremien war nicht so schnell aufzuwiegen, und Gerard Mortier ließ nie einen Zweifel daran, dass die neue Präsidentin nicht seine Wunschkandidatin war.

Weshalb sich Wiesmüller zurückzog, war selbst für den innersten Kreis der Festspielführung nicht wirklich erklärbar. Amtsmüdigkeit, Konzentration auf das Hauptgeschäft als Bankier, wohl auch Querelen zwischen dem Intendanten und den

Wiener Philharmonikern, die der Präsident schlichten musste, so wie er auch als Prellbock fungierte, wenn der flottzüngige Intendant wieder einmal Salzburg beschimpft oder in den Augen der bürgerlichen Öffentlichkeit gar verunglimpft hatte: Es war wohl ein Bündel an Ereignissen, das Wiesmüller zu dem Schritt veranlasst haben dürfte, über den er öffentlich nie Präzises kundgetan hat.

Helga Rabl-Stadler war nicht wirklich eine aufgelegte Kandidatin für das Präsidentenamt. Sie war zunächst primär eine politische Besetzung. Fest verankert in der Salzburger Gesellschaft, anerkannte Geschäftsfrau im Familienbetrieb des Modehauses Resmann, war die innenpolitische Journalistin der Tageszeitung *Kurier* von 1983 bis 1990 Nationalratsabgeordnete der ÖVP, parallel dazu die erste Vizepräsidentin und ab 1988 Präsidentin der Salzburger Wirtschaftskammer: Da konnte es kaum verwundern, dass die Quereinsteigerin im Festspielgeschäft zunächst, gelinde gesagt, zurückhaltend empfangen wurde. Das Künstlerblut in Gerard Mortier geriet gehörig in Wallung. Und da die neue Präsidentin, führungsgewohnt, auch nicht die feine Kunst der Diplomatie pflegte, waren Scharmützel (und viele interne Briefwechsel) unausweichlich.

War bislang das Kollegialitätsprinzip vorrangig gewesen, zeigte sich Helga Rabl-Stadler nun durchaus als Chefin. Da sie dabei auf einen prallte, der unbedingt selbst Chef sein wollte, konnte das kollegiale Verhältnis nicht mehr friktionsfrei sein. Das blieb bis zum Ende der Mortier-Ära 2001 so. Ich war dann immer derjenige, der die Direktion zusammenhielt. Dafür hat man mich womöglich in Salzburg mehr geschätzt als für meine künstlerische oder finanztechnische Arbeit.

Eines war klar: Die Struktur des Dreierdirektoriums blieb unantastbar. Das hatte seine historischen Gründe im verflossenen Allmachtsanspruch Herbert von Karajans. Die Salzburger Festspiele sollten nicht mehr an nur eine Persönlichkeit gebunden sein. Mortier akzeptierte zwar diese Ausrichtung, hat sie aber nie wirklich verinnerlicht oder gelebt. Als es zur Jahrtausendwende um eine dritte Vertragsverlängerung ging, machte er kein Hehl aus seinem Anspruch, diese nur zu akzeptieren, wenn er künftig für das künstlerische Programm allein verantwortlich sein würde. Das konnte und wollte ich aber nicht akzeptieren. Dazu waren der Kaufmann und der Kunstfreund in mir lebenslang zu innig verwoben.

Mortier wollte das Intendantenprinzip, aber er betonte auch, dass er nicht gegen die Präsidentin sei, sie solle im Direktorium verbleiben, aber nicht mehr in künstlerischen Belangen mitentscheiden.

Ich habe dann aus persönlichen Gründen meinen Vertrag nicht verlängert. Deutlich wurde dabei, dass ich nie eine politische Hausmacht hatte. Sowohl der damals als Kunststaatssekretär für die Salzburger Festspiele bundespolitisch verantwortliche Peter Wittmann als auch Salzburgs Landeshauptmann Franz Schausberger unterstützten Mortiers Linie einer künstlerischen Alleinverantwortung. Doch Mortiers Vertrag wurde schließlich nicht verlängert; das lag daran, dass er einen entscheidenden Schritt zu weit gegangen war: Die Festspielpräsidentin hatte einen viel zu sicheren politischen Rückhalt, als dass das Sägen an ihrem Sessel geholfen hätte, auch diese Hürde zu beseitigen.

Als es 2001 Zeit war, Bilanz über das neue Salzburg, die zehn Jahre unserer Arbeit, zu ziehen, sprach die Statistik eine eindeutige Sprache. In der Chronik der Konzerte sind von Tomaso Albinoni bis John Zorn 276 Komponistennamen verzeichnet, die in rund 700 Konzerten aufgeführt wurden. Wer sich

György Ligeti, Hans Landesmann, György Kurtág

weiter in Einzelheiten der Statistik vertieft, wird erkennen, dass Musik des zwanzigsten Jahrhunderts und der unmittelbaren Gegenwart einen exorbitanten Anteil ausmacht. Das geläufige klassisch-romantische Repertoire, mit Mozart im natürlichen Fokus, hatte zwar seinen unangefochtenen Spitzenanteil, aber wesentlich erscheint, dass die Programmatik, die Festspiele zu öffnen, sich darin manifestierte, welch zentralen Stellenwert die zeitgenössische Musik bekommen hatte. Allein die Werkkomplexe von Bartók, Ligeti und Kurtág, Luigi Nono und Pierre Boulez, John Cage und Friedrich Cerha, Leoš Janáček und Olivier Messiaen, Arnold Schönberg und Igor Strawinsky, Karlheinz Stockhausen und Wolfgang Rihm, Dmitri Schostakowitsch und Kurt Weill bezeugen eine Gewichtung, wie sie in der Geschichte der Salzburger Festspiele bislang noch nicht vorgenommen worden war.

Unbestreitbar sind die Verdienste, die sich zuvor beispielsweise Gerhard Wimberger, Otto Sertl und Franz Willnauer um die Etablierung Neuer Musik bei den Salzburger Festspielen erworben hatten, besonders durch eine Reihe von wirksamen Opernuraufführungen. Am Ende des zwanzigsten Jahrhunderts aber musste man natürlich mit dem Begriff »Musik des zwanzigsten Jahrhunderts« anders umgehen, da vieles von Mahler bis Strawinsky längst Allgemeingut des Repertoires geworden war. Die dezidierte Haltung zur Moderne aber begründete einen neuen Stellenwert für Salzburg – und muss in Summe auch als ein überwältigender Publikumserfolg genommen werden. Hier zeigten die Festspiele klar, dass sie Umwälzungen vornehmen können, die in die Zukunft wirken. Mit Karajan ging somit tatsächlich eine alte Ära zu Ende, und als unsere Dekade vorbei war, wussten selbst die konservativsten Kräfte und Bewahrer einer – wenn auch noch so fiktiven – historischen Festspielidee, dass es ein Zurück nicht mehr geben konnte.

Das Wichtigste war, die sogenannte Neue Musik so weit wie möglich zu einem Normalfall im Konzertbetrieb zu machen, sie als natürlichen, selbstverständlichen Bestandteil ins Geschehen einzubauen. Aus vielfältigen früheren Erfahrungen hatte ich gelernt, dass es eines nicht geben sollte: »Ghettokonzerte«, wo Spezialisten für Spezialisten spielen.

Ein zweiter selbst gestellter Auftrag war, zwischen den Opern und den Konzertprogrammen Verbindungen herzustellen, ohne dabei mit dem dramaturgischen Zeigefinger pädagogisch belehrend zu wirken. Auch hier war Offenheit in alle Richtungen entscheidend.

Mortiers Opernprogramm begann 1992 mit Leoš Janáčeks »Aus einem Totenhaus« in der Regie von Klaus Michael Grüber und unter der musikalischen Leitung von Claudio Abbado. Die Musik Janáčeks, die schon lange eine Herzensangelegenheit für mich war, konnte über diesen Impuls nun in verschiedene Konzerte weiterwirken, nicht in einem speziell ausgeschilderten Zyklus, sondern in alle Bereiche des Konzertprogramms. Sir Simon Rattle dirigierte die »Glagolitische Messe«, Claudio Abbado die Sinfonietta, András Schiff widmete sich dem Klavierwerk und Kammermusik in Verbindung mit Werken von Schubert, das Panocha-Quartett führte die »Intimen Briefe« auf, Philip Langridge sang das »Tagebuch eines Verschollenen«.

Im Umfeld von Olivier Messiaens »Saint François d'Assise« programmierte ich viel französische Musik, besonders Debussy und Ravel, um Einflusssphären abzustecken und für das Publikum spezifische Klangidiome erfahrbar zu machen. Dass dabei nicht nur Spezialisten des Zeitgenössischen wie das Ensemble intercontemporain oder das ORF-Symphonieorchester zu Wort kamen, sondern auch ein so klassisch orientiertes Ensemble wie die Camerata Academica, war beabsichtigt. Drei Orgelkonzerte im Dom machten mit einem zentralen Bereich von Messiaens Schaffen bekannt und öffneten erstmals seit langem wieder andere, außerhalb des engen Festspielbezirks liegende Orte Salzburgs für das Festspielgeschehen. Ich versuchte dabei niemals brachial oder gar stur vorzugehen, sondern disponierte mit Vorsicht und Umsicht, auch um zu testen, wie weit man gehen könne. Denn anders als in herkömmlichen Saisonprogrammen für ein typisches Konzertpublikum, das man zyklisch führen und lenken kann, ist ein Festspielpublikum von sich aus heterogen und international. Zwar hatten sich die Festspielgäste zunehmend entschlossen, länger in Salzburg zu bleiben und Angebote zwischen vier und sechs Tagen in Anspruch zu nehmen, dennoch musste gewährleistet sein, dass das Programm Vielfalt bot und nicht allzu einseitige Orientierung. Andererseits war ich als

Konzertchef schon zufrieden, wenn die Besucher zusätzlich zu den Opern von Janáček oder Messiaen ein oder zwei weitere Stücke im Kontext wahrnahmen. Es ging darum, ein Gefühl dafür zu vermitteln, dass nicht nur punktuelle Ereignisse stattfanden, sondern dass es auch einen programmatischen Bogen, inhaltliche Zusammenhänge gab.

Es dauerte seine Zeit, bis das Publikum selbst vielschichtiger wurde. Nach und nach war ein stärkerer Publikumsaustausch zu spüren. Eingefleischte »Karajaniden« mochten anfangs neugierig gewesen sein, blieben aber mehr und mehr aus. Dafür kamen andere Schichten neu hinzu und wuchsen nach, besonders aus den angelsächsischen Ländern und aus Amerika. Das Bemerkenswerte an einem Festspielpublikum bleibt ja, dass es sich durchaus zu Ungewöhnlichem verführen lässt. Dazu sollte freilich der Mix aus prominenten Interpretennamen und einer abwechslungsreichen Programmstruktur stimmen. Aber weder Mortier noch ich wollten – wie das oft fälschlich dargestellt wurde – eine Revolution. Wir wollten eine dezidierte, klare, aber gleichwohl fest in der Geschichte verankerte Erneuerung. In diesen Grundsätzen gingen wir jederzeit konform.

Vielleicht war ich generell kompromissbereiter und konzilianter. Ein Beispiel dafür lieferten die beim Publikum sehr beliebten, inhaltlich aber ausgehöhlten Serenaden. Ein Salzburger Phänomen waren die Konzerte der Solisti Veneti, die regelmäßig für zwei Abende in die Felsenreitschule kamen und zumeist noch vor den Karajan-Konzerten ausverkauft waren. Im ersten Sommer wollte ich bewusst an der lieb gewordenen Tradition nicht rühren; als die Truppe von Claudio Scimone dann aber nicht mehr eingeladen wurde, hatten wir einen Riesenzirkus. Ich besserte die Programme aber sofort durch wichtige Repräsentanten aus der Szene der Alten Musik auf, die zuvor noch nicht in Salzburg aufgetreten waren, da diese Sparte kaum ein Thema gewesen war: Les Arts Florissants mit William Christie, die unter anderem Henry Purcells »The Fairy Queen« brachten, oder die Chapelle Royal von Philippe Herreweghe, die in der Aula Bach, Rameau und Charpentier spielten.

Die Mühen der Ebene waren dennoch groß genug. Vor allem war die Disposition der Säle ein permanentes Problem. In den Festspielhäusern regierte die Oper, die Felsenreitschule wurde durch Peter Stein vom Schauspiel besetzt. Als Konzertchef musste ich um jeden Termin kämpfen, wobei die Konzerte der Wiener Philharmoniker schon vertraglich außer Streit standen. Gastorchester und Solisten mussten aber nach Maßgabe der Möglichkeiten oft in den Terminplan regelrecht hineingepresst werden. Frei verfügbar blieb für das Konzert im Grunde nur das Mozarteum.

Andererseits war ich auf hohe Einnahmen angewiesen, mussten doch nach einer ehernen Regel Konzerte die Oper finanzieren. Ein Überschuss von zwölf bis fünfzehn Millionen Schilling musste unbedingt erwirtschaftet werden. Das benötigte Cash-cows. Im Konzert waren das die Solistenkonzerte der großen Stars, die Häuser und Kassen füllten, im Schauspiel der »Jedermann«. An dieser Grundlage hat sich bis auf den heutigen Tag nichts geändert.

Eine spezifische, streng gefasste »Salzburger Dramaturgie« wollte ich nie verfolgen. Dafür war schon die Fluktuation des Publikums zu stark. Einen roten Faden zu spannen war aber durchaus die Absicht der Konzertprogrammierungen. Und Schwerpunkte zu setzen war von Anfang an eine wichtige Vorgabe: »Pierre Boulez in Salzburg« mit sieben ausgewählten Konzertprogrammen war dafür 1992 ein fulminanter Auftakt.

Als Pierre Boulez im März 1996 im Goldenen Saal des Wiener Musikvereins Gustav Mahlers Fünfte Symphonie mit den Wiener Philharmonikern aufnahm, kam er mit einem sachlichen »Guten Morgen, erster Satz« auf die Probe. Aber das Orchester intonierte einen Akkord statt den Mahler-Anfang mit der Trompete. Heute feiere Boulez doch seinen 71. Geburtstag, und dazu wollte es ihm gratulieren. Peter Hagmann schrieb das in einer Reportage in der *Neuen Zürcher Zeitung*: »Einen Taktstock könnten sie ihm nicht verehren, den benütze er ja nicht; aber ihre Herzen wollten sie ihm schenken. Boulez, sichtlich gerührt, dankt und gibt sein Herz ans Orchester; sie müssten es halt, bemerkt er zu den Herren, durch 105 teilen. Die Aufnahme des Kopfsatzes (der Mahler-Symphonie) gelingt danach fast auf Anhieb.«

Wenn die Wiener Philharmoniker einem Dirigenten derart ihre Herzen schenken, ist das die größte Ehre und Auszeichnung. Und eine Herzensbeziehung zu dem am 26. März 1925 geborenen Komponisten, Dirigenten und Musikdenker entstand mithilfe der Salzburger Festspiele. Boulez war für Gerard Mortier wie für mich selbst ein Leit- und Fixstern, der schon bei den ersten von uns beiden künstlerisch verantworteten Festspielen, 1992, eine zentrale Rolle spielen sollte.

Ich erinnere mich daran mit Freuden: Die Chemie zwischen Boulez und den Wienern stimmte ab dem ersten Takt außerordentlich. Sie waren auf Anhieb beglückt, sowohl musikalisch als auch menschlich. Boulez war zuvor erst zweimal in Salzburg aufgetreten: 1960 mit einem schon damals für ihn typischen Programm – Stockhausens »Kontrapunkten«, Liedern und dem Konzert, op. 24, von Webern und den eigenen »Improvisations sur Mallarmé« – sowie zwei Jahre später mit einem Gastspiel des Ballet du XXème siècle. Für 1992 hatte ich eine Reihe von sechs Konzerten mit fünf verschiedenen Programmen und 24 Werken von neun Komponisten für Boulez reserviert.

Im umfangreichen und ausführlich kommentierten Programmbuch – auch eine solche Publikation war neu für die Festspiele – gab Boulez im Gespräch mit Josef Häusler ausführlich Auskunft über dieses Festival im Festspiel: »Es durchdringen sich da zwei Grundlinien. Die eine ist mein eigenes Schaffen, denn bis auf das Konzert mit dem Los Angeles Philharmonic Orchestra enthält jedes Programm eine Komposition von mir, im ersten Konzert des Ensemble Intercontemporain, das später wiederholt wird, sind es sogar zwei. Die Werke überbrücken einen Zeitraum von dreißig Jahren: vom Marteau sans maître aus dem Jahr 1955 bis zum Dialogue de l'ombre double, den ich 1985 geschrieben habe. Der Überblick ist zwar nicht lückenlos, aber man kann an ihm ersehen, über welche Kontraste der Sprache und der Technik meine Entwicklung in dieser Zeit verlaufen ist. Man kann sehen, daß eine ziemlich große Entwicklung stattgefunden hat, trotz permanenter Züge und beibehaltener Konstanten. Die Technik der Sprache wird mehr und mehr gemeistert, die Flexibilität nimmt beständig zu, der Ausdruck gewinnt an Direktheit (...) Und die zweite Linie ist eigentlich recht klar: Alle anderen Werke des Gesamtprogramms sind Werke von Komponisten, die mich unterschiedlich stark beeinflußt haben. Der Nenner wäre, wenn ich mich sehr pompös ausdrücke: Ich und die Geschichte, meine Vorgeschichte.«

So also erklangen, als Raummusik perfekt inszeniert im Lehrbauhof, einer sommerlichen Probenbühne der Festspiele am Fuße des Untersbergs, der Klarinetten-Tonband-»Dialogue« und als österreichische Erstaufführung »Répons« für sechs Solisten, Kammerensemble, Computerklänge und Live-Elektronik, dann im Mozarteum ein Programm mit Werken von Varèse, Webern, Debussy, Olivier Messiaen und Boulez (die Mallarmé-Improvisationen) und eines mit Werken von Strawinsky, Schönberg und dem »Marteau« von Boulez, im Großen Festspielhaus ein von Boulez dirigiertes Symphoniekonzert mit den Gästen aus Los Angeles, die in diesem Sommer hauptsächlich für Messiaens »Saint François« in Salzburg waren, mit Werken von Bartók, Alban Berg und Debussy, und in einem Solistenkonzert spielte Maurizio Pollini nach Chopin und Webern Boulez' Zweite Klaviersonate von 1948. Und es kam am 30. August 1992 zu jener denkwürdigen Begegnung mit den Wiener Philharmonikern, die so folgenreich für die Zukunft sein sollte, dass Boulez von dort an das Orchester regelmäßig nicht nur in Salzburg, sondern auch in Wien, auf Gastspielen und für CD-Aufnahmen leitete. Strawinsky, Debussy, Bartók und Boulez – das war am Ende eines Festspielsommers noch einmal eine gewaltige und gewagte Herausforderung für das weltberühmte Salzburger Hausorchester.

Als ich 2007 im Wiener Rathaus das Goldene Ehrenzeichen für Verdienste um das Land Wien erhielt, hat Pierre Boulez die Laudatio gehalten, an deren Prägnanz und Warmherzigkeit ich mich mit besonderer Freude erinnere, insbesondere an seine Worte über Freundschaft: »Ich erinnere mich nicht mehr wann, wo und wie ich Hans Landesmann zum ersten Mal begegnet bin. So ist das bei den engsten Freunden, sie kommen uns so bekannt vor, dass es scheint, als ob die Freundschaft nie begonnen habe, als ob sie immer schon da gewesen sei ohne besondere Referenz an einen bestimmten Umstand. Jedoch, was die Umstände angeht, erinnere ich mich genau an eine Begegnung in Paris, am Tisch eines Kaffees im Viertel der Place de l'Etoile.«

Und ich erinnere mich auch genau an etwas anderes. Ich hatte Boulez in Wien im Konzerthaus kennengelernt, unter nicht unbedingt positiven Vorzeichen, wie oben geschildert. Später kreuzten sich unsere Wege immer öfter und nachhaltiger: in Wien und London vor allem, und Boulez akzeptierte mich als Programmmacher, so wie ich ihn als Dirigent und Komponist schätzte. Es war kein bestimmtes Schlüsselerlebnis, das mich auf Boulez aufmerksam machte. Eindrücklich in Erinnerung blieben mir aber der Skandal, als Pollini die Zweite Klaviersonate gespielt hatte, der »Marteau sans Maître«, das »Rituel in memoriam Maderna«, die »Improvisations sur Mallarmé« und die 1981 in Donaueschingen stattgefundene Uraufführung der »Répons«, die ich nun 1992 und 1999 sogar zweimal für Salzburg (und später noch einmal für die Wiener Festwochen) programmieren konnte.

Die Klangsprache von Boulez hat, bei aller konstruktiven Note, doch immer etwas Französisches, eine sensuelle Komponente, die sie so kunstvoll wie sinnlich erscheinen lässt. Ohne Zweifel: Boulez ist ein unvergänglicher Meister des zwanzigsten Jahrhunderts – und die Freundschaft zu ihm hat sich so verdichtet, dass Pierre Boulez 2007 zu meiner großen Freude und Ehre die Festrede zur Verleihung des Wiener Goldenen Ehrenzeichens hielt.

Da fasste er es schön und richtig zusammen: Er wisse nicht mehr, wann diese Freundschaft begonnen habe, aber das bezeichne nur die Enge der Bindung. Denn eine enge Freundschaft kenne keinen Anfang und kein Ende, sondern nur den steten Neubeginn. »Das wollte ich Hans Landesmann sagen, denn es braucht schon einen besonderen Anlass, damit man das sagt, was man sich im Alltag nicht zu sagen traut.« Ich war davon zutiefst gerührt. Gute Freunde zu finden, ist schwer. Gute Freunde zu haben, das ist ein Glück.

Die Ausrichtung der Salzburger Boulez-Programme lässt erkennen, wie meine Programmpolitik beschaffen war. Ich war immer mein eigener Dramaturg. Das sollte indessen nicht besagen, dass ich eigenmächtige Vorgaben machte, die die Künstler zu erfüllen hätten, im Gegenteil: Ich suchte immer den Gedankenaustausch und das Gespräch, aus dem sich dann Programme entwickeln konnten. Diese wurden immer mit den Künstlern entwickelt und dann in einen Gesamtzusammenhang eingebettet. So entstanden die zwei »Progetti« von Maurizio Pollini, die Bach- und Schumann-Zyklen von András Schiff, das Geburtstagsfest für Friedrich Cerha, die Begegnung der ungarischen Dioskuren György Ligeti und György Kurtág oder die Personale von Wolfgang Rihm: allesamt Konzertkapitel, die Salzburger Festspielgeschichte geschrieben haben.

Weit mehr noch als an meinen Wirkungsstätten bis dahin erlaubte mir die Stellung der Salzburger Festspiele eine durchlässige Programmierung, eine sehr gemischte Werk- und Interpretenauswahl, die durch die Anwesenheit so vieler unterschiedlicher Künstler während eines Festspielsommers möglich war. Gerade die Synergieeffekte, die Maurizio Pollini für seine Werkreihen nutzen konnte, vom Soloauftritt bis zur Chormusik, von der Alten bis zur neuesten Musik, zeugen von den (beinahe) unbegrenzten Möglichkeiten, die Salzburg bietet.

Nach dem so überzeugenden wie erfolgreichen, wenn auch anfangs noch schwierig zu vermittelnden »Sixpack« des Sommers 1992 habe ich Pierre Boulez regelmäßig wieder nach Salzburg geholt, vornehmlich als Dirigent, aber auch mit repräsentativ ausgewählten, doch nicht immer nur von ihm selbst interpretierten eigenen Werken. Die Zweitaufführung der »Répons« 1999 musste er wegen einer Verletzung kurzfristig an Peter Eötvös übertragen, der das komplexe Werk zwar genau kannte, aber noch nie eigenverantwortlich aufgeführt hatte.

1994 dirigierte Boulez ein Konzert der Wiener Philharmoniker, zwei Jahre später kehrte er wieder als musikalischer Leiter der eindringlichen, von Peter Stein inszenierten Oper »Moses und Aron« von Schönberg und setzte sich mit den Wiener Philharmonikern als Interpret auch für Friedrich Cerha ein, der zu seinem siebzigsten Geburtstag geehrt wurde. Im Jahr darauf war Boulez am Pult des Gustav Mahler Jugendorchesters zu erleben. Und 2000 kam es nochmals zu einem vierteiligen Projekt »Boulez 2000 – Komponisten der Zeitenwende«. Zur Eröffnung der Salzburger Festspiele 2001 dirigierte Boulez, der sich stets auch für junge Komponisten eingesetzt hat, mit besonderem Nachdruck für die österreichische Komponistin Olga Neuwirth, noch einmal in unserer Ära die Wiener Philharmoniker mit den Vier Orchesterstücken, op. 12, von Bartók und der Neunten von Bruckner.

Wenngleich das Kernrepertoire des Musikers Boulez überschaubar und vor allem im zwanzigsten Jahrhundert verankert ist, vermochten doch die Salzburger Begegnungen mit diesem großen Musiker etwas Wichtiges zu belegen: dass zur analytischen Betrachtung und Durchdringung von Partituren, für die der mit einem absoluten Gehör begabte, präzise, jeder Dirigenten-Show abholde, mit äußerster Klarheit dem Notentext verpflichtete Boulez bekannt war, nach und nach auch ein sinnlich greif- und erfahrbarer Zugang kam. Mit Milde oder Altersweisheit allein ist angesichts der Vitalität von Boulez nicht leicht zu argumentieren. Vielleicht aber hat doch die spezifische Klangkultur der Wiener Philharmoniker dazu beigetragen, dass späte Boulez-Interpretationen etwa der Symphonien von Mahler oder Bruckner eine Mischung aus struktureller Denkarbeit, subtiler Detailbeobachtung und klarer

Wärme erhielten, die von besonders einprägsamer Energie und Ausstrahlung waren. Und, womöglich, auch durchdrungen von einem gegenseitigen gefühlvollen Respekt, der die Wiener Herren ihrem französischen Meister sogar ihre Herzen schenken ließ.

Was Pierre Boulez in der Doppelfunktion als schöpferischer und nachschöpferischer Künstler für die Neuerungen der Salzburger Festspiele und die stärkere Öffnung zur Musik des zwanzigsten Jahrhunderts repräsentieren sollte, das war Nikolaus Harnoncourt als Galionsfigur für die Klassik zugedacht: Leitstern für die Neuinterpretation des klassisch-romantischen Repertoires.

In einer noch ausstehenden kritischen Bewertung der Nach-Karajan-Ära der Salzburger Festspiele würde wohl festgehalten werden müssen, dass die neuen Ansätze in Salzburg oft durchaus alte Hüte waren. Schon Mortiers Opernauftakt war im Grunde eine Brüsseler Replik: Mozarts »La clemenza di Tito« in jener (modifizierten und adaptierten, bedachtsam weiterentwickelten) Version des Regie- und Ausstattungsduos Ursula und Karl-Ernst Herrmann, die bereits in den frühen achtziger Jahren das »Brüsseler Mozart-Wunder« eingeleitet hatte. Das wurde 1992 in Salzburg überdeckt durch den Eklat, dass Riccardo Muti knapp vor der Premiere im Streit mit den Regisseuren aus Salzburg abgereist war. Da prallten also mit gewaltigem Krach Alt und Neu aufeinander – und gerade in der österreichischen Kritik waren die – eigentlich international längst kanonisierten – Arbeiten des Ehepaares Herrmann ein beständiges rotes Tuch. Aus ihm war sozusagen der Sack genäht, den vornehmlich die Wiener Medien schlugen, wenn sie den »Esel« Mortier meinten.

Auch Nikolaus Harnoncourt hatte seine Mozart-Ansichten längst anderswo, speziell in der Zürcher Oper bei Claus Helmut Drese, dargelegt. Seine mit Jean-Pierre Ponnelle erarbeiteten Inszenierungen trugen ebenso zur Erneuerung des Mozart-Bildes bei wie andere Auseinandersetzungen von sogenannten Originalklang-Experten, von Roger Norrington bis John Eliot Gardiner. Diese Musiker hatten bis zum Mozartjahr 1991 wenigstens fallweise Zutritt zu den Salzburger Festspielen, spielten aber keine zentralen, nur die ihnen zugewiesenen speziellen Rollen. Die damals aktuelle ästhetische und vor allem aufführungspraktische Mozart-Diskussion ging an Salzburg vorüber.

Nikolaus Harnoncourt wirkte wahrscheinlich am abschreckendsten. Karajan hielt ihn sich wie einen Rivalen vom Leib, wiewohl er Harnoncourt seit 1952 kannte. Harnoncourt erinnerte sich im Umfeld von Karajans hundertstem Geburtstag 2008 in einem Interview (abgedruckt in der Zeitschrift *ZEIT-Geschichte*) an die Episode, als er sich 1952 für eine Cellistenstelle bei den Wiener Symphonikern (deren Chef Karajan damals war) vorstellte: »Da waren Karajan und die Stimmführer des Orchesters, und ich höre ihn murmeln: ›Wie der sich schon hinsetzt, den engagier ich.‹ Da hatte ich überhaupt noch keinen Ton gespielt. Ich hab dann unglaublich lang spielen müssen (...) ich musste den ganzen ersten Satz vom Dvořák-Konzert spielen und (...) also ich hatte den Eindruck, dass der Karajan gerne zugehört hat.« Harnoncourt hat dann vom Beethoven-Zyklus (»Es war das Knackige, gar nicht wie beim späteren Karajan«) sehr viel gelernt, »auch für meine eigene Interpretation später«. Der Krach und das Zerwürfnis kamen durch einen unglücklichen Artikel im *Spiegel*, »in dem mir Zitate in den Mund gelegt worden sind« – etwa jenes, dass er Karajan für ein Genie halte – beim Autofahren. Karajan musste das »als Enttäuschung über einen Verräter« sehen, sagt Harnoncourt 2008. »Ich war der Überzeugung, wenn ich den bei einer Bergtour irgendwo alleine treffe, ohne seine Entourage, dass er nach fünf Minuten mir auf die Schulter geklopft hätte und ich ihm, und es wäre alles gut gewesen.«

Wohl nicht nur menschlich, vor allem auch ästhetisch war der Bruch zu Karajans Lebzeiten nicht mehr zu kitten. In Salzburg schlugen die Uhren anders. Zwar hatte Harnoncourt Einladungen der Salzburger Bachgesellschaft angenommen, mit seinem Concentus Musicus in Salzburg aufzutreten, und zudem war er Professor für Historische Aufführungspraxis am Mozarteum – aber die Festspiele negierten ihn.

Also war es nur ein logischer Schritt, dass ich mit besonderem Nachdruck auf Harnoncourt setzen wollte. Ich kannte ihn schon lange. Und hatte schon einmal eine ähnliche Situation erlebt wie nun in Salzburg: Mein Vorgänger im Wiener Konzerthaus, Peter Weiser, hatte sich mit Harnoncourt derart überworfen, dass der Dirigent nicht mehr dort auftrat. Also öffnete ich ihm, als ich Generalsekretär des Wiener Konzerthauses wurde, dort wieder die Pforten. Programmatisch leitete Harnoncourt zu meinem damaligen Wiener Amtsantritt Händels Oratorium »Jephtha« – genau jenes Werk, mit dem ich 1996 die Salzburger Festspiele eröffnen wollte. Aber da war es im Herbst zuvor schon wieder zum Abgang des von Salzburg und der Linie, die die Festspiele verfolgten, Enttäuschten gekommen. Es waren nur vier von zehn Sommern, in denen Nikolaus Harnoncourt seine Handschrift hinterließ, und nur einmal kam Mozart zu Wort: mit »Le nozze di Figaro«, was nicht friktionsfrei verlief. Den Zermürbungen folgte schließlich die Verwerfung – was nicht für den von mir gestalteten Konzertbereich galt, wo sich Harnoncourt hauptsächlich mit Beethoven auseinandersetzte.

Beethovens »Missa solemnis« zum Auftakt der Festspielsaison 1992 war ein klares Statement: dass man mit einem bedeutenden Künstler, der noch nie bei den Festspielen gewesen war, beginnen wollte; dass man nun auch in Salzburg zeigen wollte, wie sehr man an neue Interpretationen glaubte, an die Fähigkeit, Klassiker und Romantiker neu zu deuten und zu interpretieren.

Für 1993 wurde Claudio Monteverdis »Incoronazione di Poppea« vereinbart – mithin auch ein Werk, das schon im legendären Zürcher Zyklus mit Jean-Pierre Ponnelle herausgekommen war, hier aber im Großen Festspielhaus neue Maßstäbe setzen sollte. Nicht die Wiener Philharmoniker mit ihrem Hausrecht saßen da im Orchestergraben, sondern der Concentus Musicus, der feinsten Barockklang verströmte und der in jenem Sommer noch Mozarts c-Moll-Messe in St. Peter und Monteverdis Marienvesper im Dom spielen sollte.

So wurde erst im dritten Sommer der große Schwerpunkt gesetzt: die erste zyklische Aufführung aller Beethoven-Symphonien bei den Salzburger Festspielen. Sie wurde zu einem zentralen Triumph, auch wenn dem Konzertchef der Finanzchef sorgenvoll über die Schulter schaute. Denn Harnoncourt hatte in rigoroser Konsequenz diese Konzerte im Großen Saal des Mozarteums angesiedelt, und das bedeutete: keine optimalen Einnahmen. Die Neunte, mit dem Arnold Schoenberg Chor und den Solisten Sylvia McNair, Ann Murray, Thomas Moser und Andreas Schmidt und dem Chamber Orchestra of Europe, das die gesamte Beethoven-Expedition unternahm, wurde zu einer regelrechten Hitzeschlacht in einem heillos überfüllten, bis auf den letzten nicht genehmigten Stehplatz besetzten Saal.

Freilich, nie in diesen vier Sommern, nicht einmal im »Figaro«, hat Harnoncourt mit den Wiener Philharmonikern gearbeitet. Das hat hinter den Kulissen, eingestandenermaßen oder nicht, zu schweren Verwerfungen geführt, ganz abgesehen davon, dass sich zwischen den Wienern und Harnoncourt damals noch kaum die Spur einer Herzensbindung zeigte. Erst 2001 und 2003 dirigierte er das Neujahrskonzert, also das mediale und damit publicityträchtigste Herzstück der Philharmoniker-Arbeit. Jahre nach unseren Salzburger Programmen also haben sich Harnoncourt und die Wiener Philharmoniker freundschaftlich gefunden.

Mehr noch als diese Salzburger Nichtbegegnung dürfte 1995 die Tatsache geschmerzt haben, dass ein anderes als das Wiener Orchester den Part in einer Mozart-Oper übernahm. Diese Probleme hatte vornehmlich Mortier auszubaden, aber indirekt färbte das auch auf den bei Publikum und Presse zu konstatierenden Beethoven-Triumph ab. Denn natürlich war den Wiener Philharmonikern, die sich in der Folge sogar verbindlich zusichern ließen, weiter das künstlerische Zentrum der Salzburger Festspiele zu sein, auch ein Dorn im Auge, dass nicht sie, sondern das Chamber Orchestra of Europe, ein Herzensensemble Harnoncourts, ein so zentrales klassisch-wienerisches Projekt wie die Beethoven-Symphonien aufführte. Die Krise verschärfte sich noch, als Claudio Abbado für den Sommer 1997 das Chamber Orchestra of Europe für alle Schubert-Symphonien, wiederum im Großen Saal des Mozarteums, verpflichten ließ. Ich wusste um die Brisanz eines solchen Ansinnens, stimmte aber in alter Loyalität zu Abbado dem Projekt zu. Was wiederum Harnoncourt verstimmte, der selbst gerne das Schubert-Offert bei sich gesehen hätte. Ich will es dabei belassen: Das war mein härtester Konflikt in Salzburg.

Viel lieber denke ich positiv zurück. Und hier war es erfreulich, dass es Jahr für Jahr möglich war, mit den Wiener Philharmonikern interessante und nicht nur das gängige Repertoire reproduzierende Konzerte anzusetzen. Schostakowitsch, Alfred Schnittke, Olivier Messiaen: Das waren wichtige Komponisten, wichtige Konzerte. Irritationen wie die Beethoven- und Schubert-Zyklen, aber auch die Tatsache, dass wegen der vermehrten Opernproduktionen andere Orchester wie jene aus Los Angeles oder Cleveland in Salzburg auftraten, drückten zwar auf die Stimmung, nicht aber auf die Leistungen der Wiener Philharmoniker. Dass Konfliktsituationen zwar an die Öffentlichkeit kamen, gelegentlich deutlich eskalierten, aber nie entgleisten: Dafür wollte und musste ich sorgen, so diskret und diplomatisch wie möglich. Ich denke, dass dieses ausgleichende Temperament gegenüber dem immer lustvoll den Konflikt suchenden Intendanten (der kurzzeitig sogar den Vorschlag aufs Tapet brachte, im Notfall ein eigenes Festspielorchester nach dem Muster von Bayreuth zu gründen) und dem – letztlich wohl wirklich zermürbten – Festspielpräsidenten absolut notwendig war.

Viele Irritationen haben wahrscheinlich zum Rückzug Nikolaus Harnoncourts beigetragen. Das Scheitern der so hoffnungsvoll begonnenen Zusammenarbeit war eine bittere Pille: der »Figaro«-Konflikt mit Regisseur Luc Bondy, Mortiers Absicht, den Da-Ponte-Zyklus doch nicht in eine Hand zu geben, Abbados Schubert, wohl auch die eigene, ernsthafte Erkrankung Harnoncourts: Offiziell wurde nur bekannt, der Dirigent könne sich nicht mehr mit der musikalischen Linie Salzburgs einverstanden zeigen, das Konzept (welches immer er damit auch gemeint haben mochte) werde verwässert. Was es wirklich gewesen ist, das Harnoncourt zur abrupten Stornierung seiner weiteren Mitarbeit veranlasst haben könnte: Ich kann es nicht konkret auf einen Punkt bringen. Jedenfalls traf seine Haltung das Direktorium wie ein Schlag. In kürzester Frist musste umdisponiert werden, und es dauerte sieben

Jahre, bis Harnoncourt wiederkam und dann, während der Intendanz von Peter Ruzicka, eine wesentlich zentralere Position einnahm, sowohl mit vier Neuproduktionen von Opern (Mozart und Purcell) als auch als mit Neugier und Begeisterung gefeierter, auf seine Art Maßstäbe setzender Dirigent der Wiener Philharmoniker. Dennoch: Mortier und ich haben einst das Eis gebrochen: Harnoncourt wurde zum großen Salzburger.

Längst ein großer (Wahl-)Salzburger war da schon der italienische Pianist Maurizio Pollini. Seit er am 19. und 20. August 1973 als Solist in Chopins Klavierkonzert in f-Moll, op. 21, mit den Wiener Philharmonikern und Claudio Abbado und in einem Soloabend mit »letzten Werken« von Schubert und Beethoven erstmals bei den Salzburger Festspielen aufgetreten ist, gehört er zu den wenigen Stammgästen des Sommers. Ein Jahr später schon war es noch einmal die Konstellation von Orchestersolist und Recital, diesmal mit Herbert von Karajan, und von 1976 an kam der italienische Meisterpianist mit zwei Ausnahmen jährlich nach Salzburg, ehe er 1995 sein erstes »Progetto« verwirklichen konnte.

Maurizio Pollini zählt zu meinen wichtigsten Freunden. Also wollte ich ihn unbedingt mit einer zentralen Position im Konzertgeschehen in Salzburg noch besser verankern. Die Idee entstand bei einem Spaziergang durch Salzburg, genauer: auf dem Mozartsteg. Ich schlug Pollini vor, ob wir nicht ein Projekt entwickeln könnten, in dem er, einer der intelligentesten und aufgeschlossensten, vielseitig interessierten Köpfe in der internationalen Musikerszene, einmal seine wichtigsten Komponisten aufführen könnte – nicht allein, sondern im Verein mit allen anderen, die er sich wünsche.

Es war ein großzügiges Angebot, in der Hoffnung, Pollini würde Feuer fangen. Ich glaube nämlich, dass die wichtigste Aufgabe, die ein Kulturmanager zu erfüllen hat, in einem schöpferischen Dialog mit dem Interpreten besteht. Er muss für den Künstler ein kreatives Haus schaffen, das für weitgehend ideale äußere Bedingungen sorgt, vor Irritationen abschirmt, in dem aber auch eine fruchtbare Auseinandersetzung über künstlerische Ideen und Programme entstehen sollte. Der Veranstalter wird hier zum Partner, der anregen, fördern, entwickeln und stimulieren kann. Das habe ich dann auch so im Programmbuch jenes ersten »Progetto Maurizio Pollini« von 1995 geschrieben, dem nicht nur 1999 ein weiteres in Salzburg folgen sollte, sondern eine ganze Serie von Programmreihen in Paris, in den USA, in Japan, die Pollini mit dem Salzburger Impuls erfolgreich exportierte.

Dabei kam es gleich im ersten Konzert, am 9. August 1995 im Mozarteum, zu einem veritablen Eklat. Pollini erschien zum Auftakt mit nur einem einzigen Werk, dem »Klavierstück X« von Karlheinz Stockhausen, und das erst am Ende des Abends. Was immer die Erwartungen des Publikums gewesen sein mochten, sie hatten zunächst das »Lamento d'Arianna« von Monteverdi, dann die »Cori di Didone« von Luigi Nono, dann fünf Madrigale von Gesualdo und nach der Pause noch den von irgendwelchen Musikern auf dem Podium elektronisch abgespielten »Gesang der Jünglinge« von Stockhausen anzuhören, ehe der Meister erschien. Und dann das: Klaviermusik ohne »Melodie«, gar mit Händen und Armen geschlagen. Da riss einem Herrn mitten in der ersten Reihe die Geduld, und laut schimpfend und Türen schlagend verließ er den Saal. Das war für Pollini ein wirklicher Schock, mitten in der vollen Konzentration auf ein hochkomplexes, schwieriges, wenngleich zu einem Kernstück im Repertoire des Komponisten zählendes Werk. Ich fürchtete Schlimmstes, aber letztlich glaube ich, dass das dem Zyklus insgesamt sehr gutgetan hat. Am Ende gab es größten Jubel, und Pollini schien beglückt über so viel Zustimmung – ein gutes Omen für den weiteren Verlauf dieses gewagten ersten Experiments eines dicht komponierten Programms über fünf Termine zwischen 9. und 29. August 1995.

In der Geschichte der Salzburger Festspiele hat es wohl immer wieder dramaturgisch fokussierte Programmideen abseits eines bloß festlichen Mainstreams gegeben. Besonders Franz Willnauer, Generalsekretär von 1986 bis 1991, hatte im Konzertbereich interessante und ungewöhnliche Schwerpunkte gesetzt. Dennoch: In der Konsequenz, mit der das »Progetto Maurizio Pollini« programmiert war, betrat man in Salzburg Neuland. Der innere Zusammenhang war es, der das Eigene dieser Reihe ausmachte.

Die Programme der fünf Konzerte spiegelten nach Pollinis Ansicht einen kleinen Teil seiner Interessen und Ideen. »Sie ergeben kein ›Porträt‹, aber doch ein unmittelbares Bild des neugierigen und unvoreingenommenen Forschers und Intellektuellen, einiger sehr wesentlicher Aspekte also, die die Persönlichkeit Maurizio Pollini, seine kulturellen Interessen und seine Art der musikalischen Interpretation kennzeichnen. Sie charakterisieren sein unermüdliches Befragen der Texte und die Gestaltung seines Repertoires, das vorurteilsfrei die pianistische Literatur von Bach über die Wiener Klassik bis zur jüngsten Moderne erforscht nach Gesichtspunkten, die eine wenig typische Einstellung verraten«, wie im Programmbuch zu lesen stand.

So war eben die Spannweite der Musik von der Renaissance eines Gesualdo bis zur experimentellen Moderne Stockhausens schon im Eröffnungskonzert exakt beschrieben. Wenn in einem anderen Konzert Werke von Schönberg und Webern zurückstrahlten auf Brahms und nach vorne wiesen auf den Zeitgenossen Salvatore Sciarrino, wurde ebenso ein innerer Zusammenhang begreifbar, wie wenn Pollini nur die letzten drei Sonaten Beethovens präsentierte: als moderne Klassik, die auf ihre Art subjektiv Grenzbereiche des klassisch Möglichen erforschte und dabei über Grenzen ging, die nicht nur die Zeitgenossen Beethovens (über)forderten. Der Italiener Pollini konnte natürlich nicht am Gesang vorbeigehen, setzte aber auch hier eigenwillige Akzente, indem er sperrigere Chor-Kammermusik von Schubert mit Klarinettenwerken von Alban Berg und Pierre Boulez konfrontierte, jenem Holzblasinstrument, das am seelenvollsten einen »Stimm-Klang« zu erkennen gibt. Dass er schließlich nicht das Zuckerbrot fürs Publikum vergaß, war kein Kompromiss, sondern auch hier innere Logik: Für das repräsentative Schluss-Orchesterkonzert mit den Berliner Philharmonikern unter der Leitung seines Lebensfreundes Claudio Abbado wählte er das Erste Klavierkonzert von Brahms.

In Summe muss man zu diesem ersten »Progetto« sagen, dass es sich noch etwas zurückhaltend und erst vorsichtig sich öffnend gab. 1999, als sich Pollini, auch gestärkt durch den internationalen Erfolg der Reihe, zu einem Nachfolgeprojekt entschloss, war er dann mutiger und rigoroser. Hier waren es sieben herausfordernde Konzerte und Programme, in denen sich Pollini noch stärker einbrachte. Die musikgeschichtliche Spannweite blieb bestehen, ja sie wurde noch ausgereizt, indem in vier Konzerten eine unmittelbare Konfrontation von ältesten und neuesten Kompositionen stattfand: Johannes Ockeghem und Giacomo Manzoni, Josquin Desprez und Franco Donatoni, Guillaume de Machaut und Adriano Guarnieri, Giovanni Pierluigi da Palestrina und Luciano Berio. Die neuen Werke waren Kompositionsaufträge von Pollini und den Salzburger Festspielen. In sechs der sieben Konzerte trat Pollini selbst als Pianist oder Cembalist in Erscheinung, sparte aber Solo-Auftritte komplett aus. Ein zweiter Aspekt wurde für die Reihe noch konstitutiv: Wesentlich stärker als im ersten »Progetto« gingen die Programme des zweiten von der Vokalmusik aus, von der niederländischen Mehrstimmigkeit über die Madrigalkunst des Seicento bis zu aktuellen Kompositionen, wobei auch in Instrumentalwerken das Thema des Gesanglichen angeschlagen blieb.

Zieht man ins Kalkül, dass in jenem Sommer auch noch zwei Porträtkonzerte der neuen Serie »Next generation« dem jungen österreichischen Komponisten Georg Friedrich Haas gewidmet waren, der auch Einflüsse und Lehrmeister vorstellen konnte, dass sich die Wiener Philharmoniker in ihren fünf Programmen zweimal Mahler, einmal Alban Berg und einmal György Kurtág widmeten, dass das Radio-Symphonieorchester Wien Cage, Berio und als Uraufführung einen Kompositionsauftrag der Salzburger Festspiele, des »steirischen herbstes« und des Musikprotokolls von Clemens Gadenstätter präsentierte und am Ende der Festspiele noch »Requiem, Bardo, Nirmanakaya«, die Choralsymphonie Nummer fünf von Philip Glass, als Uraufführung auf dem Programm stand, dass in einer »Accademia Pianistica« mit jungen Pianisten aus Imola in einem Marathon viel klassische und neue Moderne erklang und dass dazu auch noch der zum vierten Mal veranstaltete »Zeitfluss« sein aufwendiges »Theater der Klänge« in acht Großprojekten durchführte, dann war das – ohne unbescheiden sein zu wollen – ein Meilenstein des neuen Salzburg. Über die Kunst, die ich als Finanzjongleur hier aufbieten musste, möchte ich nichts bemerken: Mir war die Kunst an sich, die als so vielseitiges Produkt entstand, viel wichtiger.

Im Sommer 1991 wagten zwei junge Künstler den radikalsten Zugriff auf die damalige Festung der Salzburger Festspiele. Der Pianist Markus Hinterhäuser und der Komponist und Student am Mozarteum Tomas Zierhofer-Kin setzten sich in den Kopf, Luigi Nonos so gewichtige wie gewaltige, also von einem gewaltigen Aufwand bestimmte »Tragedia dell'ascolto« »Prometeo« in der Kollegienkirche aufzuführen. Das Unterfangen war sowohl künstlerisch als auch logistisch ein Achttausender. Und das wollten zwei Nobodys bewerkstelligen, »die noch nicht einmal ein Streichquartettkonzert organisiert« hatten. So jedenfalls sieht das siebzehn Jahre später jener Pianist Markus Hinterhäuser, der seit dem Sommer 2007 selbst als Konzertchef für die Salzburger Festspiele und damit als mein Nach-Nachfolger tätig ist – mittlerweile längst gewohnt, erfolgreich große Brocken zu stemmen. Ich schätze diesen wunderbaren Musiker und kreativen Kopf, diesen leidenschaftlichen Streiter für die Musik und für herrlich intelligente Programme über die Maßen. Deshalb bin ich auch glücklich, dass er selbst hier erzählt, wie er das Abenteuer »Zeitfluss« beurteilt:

»Wir haben um einen Termin mit Claudio Abbado angesucht und sollten uns mit ihm und Hans Landesmann im Hotel Fondachhof treffen. Und so saßen wir an einem Sommernachmittag zusammen, Tomas Zierhofer und ich voller Enthusiasmus, und haben den beiden, die genüsslich Zigarren schmauchten, gleich einen ganzen Korb voller Ideen zur gefälligen Kenntnisnahme vorgelegt. Die beiden Herren zeigten dabei eine gewisse Mischung aus Interesse und Amüsement, Interesse, weil das doch nicht so ohne war, was wir ihnen da vorschlugen, und amüsiert deshalb, weil da zwei Typen gekommen sind, die das Geschäft des Konzertemachens noch nie ausprobiert hatten.

So gut wie das Interesse bekundet wurde, so schnell kam

aber auch ein Absagebrief von Hans Landesmann – und das ist durchaus typisch für ihn: Das Ganze sei bemerkenswert, aber viel zu teuer, und die Festspiele haben kein Geld dafür. Wir waren ratlos, denn wir wussten: Für so etwas Großes mussten wir die Festspiele unbedingt gewinnen.

Und dann kam ein zweiter Brief von Landesmann – und auch das offenbart einen wichtigen Charakterzug: Wenn ihn etwas interessiert, dann vergisst er das nicht so leicht. Das zeichnet ihn aus: eine stille Beharrlichkeit und ein sehr präzises Wissen um den Moment, wann die Dinge wirklich zu machen sind. Man kann mit Hans Landesmann wunderbar herumspintisieren, aber es wird ihn nie sein Realitätssinn verlassen. Und dieser ist strategisch, ökonomisch und künstlerisch intelligent.

In dem zweiten Brief war festgehalten, dass sich nun die Planungen der Salzburger Festspiele konkretisiert hätten, es würde zwei Opern von Monteverdi geben – und vielleicht sollte man jetzt doch auch noch einmal über Luigi Nono sprechen. Und so begann das Ganze an Fahrt zu gewinnen.

Hans Landesmann hat offenbar gespürt, dass da zwei Menschen zu ihm gekommen sind, die es ernst meinen und die deswegen auch ernst genommen werden sollten und die man ernst nehmen kann. Landesmann hat ein Gespür dafür, was man anderen mit bestem Gewissen und großem, großzügigem Vertrauen überlassen kann, auch wenn diese ganz offensichtlich Anfänger waren und der Hilfe bedurften.

Dann kam hinzu, dass Landesmann immer interessiert war an dem, was man gemeinhin Neue Musik nennt. Er wusste um ein gewisses Manko dessen in Salzburg – also scheinen wir selbst den richtigen Moment in der Neuorientierung der Salzburger Festspiele getroffen zu haben. Landesmann begriff, dass man da beratend und logistisch helfen müsste, weil eine solche

Unternehmung in Folge auch für die Festspiele wichtig werden könnte. Und er hat sich wohl auch gedacht, vielleicht können diese enthusiastischen, verrückten Menschen sogar ein anderes Publikum bringen. Da hatte Hans Landesmann immer einen guten Riecher.

Für so etwas Großes ist die Struktur von Festspielen absolut hilfreich: die Öffentlichkeit, die die Festspiele herstellen, die Marke, mit der man auch an Sponsoren herankommt, die Struktur der Technik, die wir gebraucht und genutzt, auch ausgenutzt haben – so wie wir beide auf sympathische Weise auch ausgenutzt wurden. Es war ein Geben und Nehmen.

Wir waren immer angewiesen auf das taktische Geschick und das Netzwerk, das Hans Landesmann zur Verfügung hatte. Er hat uns immer geholfen, auch in schwierigen Situationen, etwa bei den Finanzen, mit denen wir vielleicht nicht sorgsam genug umzugehen vermochten. Da war er ein absolut nötiges Korrektiv und hat uns auch offen gesagt: Bleibt auf dem Boden, da wo ihr hingehört.

Hans Landesmann ist ein kluger, beherrschter Mensch mit einem klaren Sinn für die Wirklichkeit und einem strategischen Geschick, das aber nicht Selbstzweck ist. Es ist immer der Sache dienlich und hat auch viel mit jenem Enthusiasmus zu tun, mit dem er selbst immer der Kunst folgt, den Dingen, die ihn vital interessieren: Musik, Literatur, Theater, bildende Kunst.

Und noch etwas hat Hans Landesmann vielleicht erkannt, das auch für ihn wichtig war: den Qualitätsanspruch, den wir selbst hatten. Auf solche Dinge kommt man bei ihm aber immer erst viel später drauf, denn er ist nicht einer, der sich jemandem unmittelbar öffnet. Ich mag einen Satz von Gottfried Benn sehr gerne: Tiere, die Perlen bilden, sind verschlossen. Hans Landesmann zeigt sich nicht unmittelbar, er hat immer

Markus Hinterhäuser, Hans Landesmann

eine gewisse reservierte Haltung, eine noble Distanz. Er ist keiner, der einen sofort umarmt oder das Du-Wort anbietet. Das kann bei ihm lange dauern – und vielleicht auch gar nie kommen. Wir haben dann bei einer Weihnachtsfeier des Betriebsrats schließlich ganz nobel angestoßen …

Das Überbordende, Emotionale, das Gerard Mortier geprägt hat, das hat Hans Landesmann nicht. Dafür bekam er, wenn er das Gefühl hatte, dass ihm etwas besonders geglückt sei, einen Ausdruck der Freude, der ihm ins Gesicht geschrieben stand als eine Art rosiges Leuchten, wie von innen heraus. Noch etwas besitzt Landesmann: ein großes, großzügiges Talent zur Freundschaft. Seine Treue zu Künstlern – und zu Konstellationen, die sie zu schaffen vermögen – ist beispielhaft. Dazu gehört aber auch, dass Landesmann immer das Gespräch und den Gedankenaustausch sucht. Er ist glücklich, wenn er Menschen um sich hat, die sich auf intelligente Art austauschen. Er kann zuhören, sich einschalten – und dann seine Schlüsse ziehen, das Wesentliche vom Unwesentlichen unterscheiden. Das ist ein großes Zeichen von Intelligenz. Immer setzt er sich sehr intensiv und substanziell mit Dingen der Kultur auseinander. Er hat ein dringendes Bedürfnis, ständig das Neue zu entdecken, am Ball zu bleiben, am Puls zu sein dort, wo etwas Neues sich zeigen könnte.

Bedenkt man, dass er zwei Berufe hat: den Brotberuf des Viehhändlers einst und die immer noch andauernde Berufung zum künstlerischen Ermöglicher, diese rationale Ordnungsfähigkeit und die Begeisterung für das Kreative, das sehr bewusst eingesetzt wird: Dann zeigt sich darin auch ein innerer Reichtum, ein Luxus, der keinen Rolls-Royce braucht. Hans Landesmann würde nie ›eine Runde schmeißen‹. Oder doch, aber anders: sehr großzügig, sehr generös. Und diskret genug.«

Verzeihung, Markus, aber jetzt muss der Kaufmann eine Bemerkung anbringen dürfen: »Zeitfluss« hat jedes Mal das Budget überschritten, aber bei einer derartigen Veranstaltung muss man das von vornherein einkalkulieren. Also gab es immer rund fünfzehn Prozent Reserven. Letztlich aber reichte auch das nicht. Man bildete einen Verein, doch nach Vereinsrecht waren dessen Mitglieder persönlich für Außenstände haftbar. Ich wurde als Vermittler gebeten, mit den Banken zu sprechen. Zu jener Zeit gab es eine Kunstaktion in der Stadt Salzburg: Künstler gestalteten Kühe, die für eine gewisse Zeit auf öffentlichen Plätzen aufgestellt waren. Ein Gönner erwarb eine solche Kuh und schenkte sie »Zeitfluss«, und das reichte schließlich als Pfand, um den letzten Kredit abzuschreiben. Der Vermögensstand von »Zeitfluss« war am Ende also genau genommen – eine Kuh.

Die Kunst von »Zeitfluss« aber ist geblieben. Es waren fünf Biennalen, die das Gesicht der Salzburger Festspiele verändert und nachhaltig geprägt haben. 1993: Luigi Nono und die Ästhetik des Widerstands, 1995: Gesänge von der Notwendigkeit des Überlebens, 1997: Endspiel …, 1999: Theater der Klänge, 2001: Ein Resümee.

Im Jahr 1998 erging eine zusätzliche Aufgabe an den Finanz- und Konzertchef der Salzburger Festspiele. Ich hatte Überlegungen angestellt, wie die von Herbert von Karajan begründeten Pfingstkonzerte – immerhin nach der Mozartwoche im Winter, der Osterzeit und dem Sommer die vierte wichtige, wenn auch die kleinste kulturtouristische Einnahmequelle der Festspielstadt – neu strukturiert und belebt werden könnten. Nach Karajans Tod 1989 waren die unter der Obhut der Osterfestspiele veranstalteten drei Konzerttermine zwar fortgesetzt worden, es kamen verschiedene Gastorchester, aber inhaltlich herrschte eine gewisse Beliebigkeit. Zudem war mit dem neuen Festspielhaus in Baden-Baden für Salzburg ein unmittelbarer Konkurrent entstanden. Es war im April 1998 eröffnet worden und sollte in erster Linie die »Herbert-von-Karajan-Pfingstfestspiele« kreieren. Wollte man verhindern, dass zahlungskräftiges Publikum aus Salzburg abwanderte, musste unbedingt etwas unternommen werden.

Schon 1996 hatte ich darüber nachgedacht, wie man die Pfingstkonzerte attraktiver gestalten könnte. Ich kam auf die Idee, das Ambiente der Barockstadt selbst zum Thema eines viertägigen Festivals zu machen und Barockmusik zu propagieren, die seltsamerweise bisher – mit Ausnahme der ortsansässigen Bachgesellschaft – in Salzburg kein großes, vor allem kein international positioniertes Thema gewesen war.

Im Direktorium fand ich dafür sofort Mitstreiter, das Kuratorium aber war für eine Art Neben- oder Parallelfestspiele schwer zu gewinnen. Vor allem die Vertreter des Bundes hatten Bedenken; die Salzburger Kuratoren waren klarerweise dafür, weil sie auch den wirtschaftlichen Impuls sahen. Schließlich erteilte man die Zustimmung unter der Voraussetzung, das neue Festspiel müsse sich selber tragen, dürfe also keinerlei Quersubventionen aus dem regulären Festspielbudget erhalten. Ich war einverstanden, obwohl ich wusste, dass das so nicht gehen würde. Aber wie auch immer: Es ist gegangen – man muss nur ein wenig phantasievoll und kreativ sein. Ein bisschen umschichten, ohne die festgeschriebene Vorgabe zu verletzen: Eine solche Herausforderung habe ich immer gerne angenommen.

Schon im ersten Jahr, 1998, wurde nicht gekleckert, sondern geklotzt. Dank der Beziehungen von Gerard Mortier gelang es, eine Brüsseler Erfolgsproduktion für ein Gastspiel einzuladen, Herbert Wernickes fulminante Inszenierung von Francesco Cavallis »Calisto« mit René Jacobs am Pult. Im Dom führten die Ensembles von Ton Koopman Heinrich Ignaz Franz Bibers kolossale (schwierig zu organisierende und verständlicherweise auch teure) »Missa Salisburgensis« auf, es kamen Originalklangensembles wie Il Giardino Armonico oder Le Concert des Nations von Jordi Savall, das Hilliard Ensemble, aber auch – was umstritten war – die Wiener Philharmoniker, die unter der Leitung von Riccardo Muti ein Programm mit neapolitanischer Musik einstudierten. Das war freilich ebenso eine Rarität wie ein Oratorium von Conti, »Il martirio di San Lorenzo«.

Zu jener Zeit galten die Originalklangensembles oder -interpreten, die sich auf Erkenntnisse der historisch-kritischen Aufführungspraxis stützten, als Maßstab. Dass ein normales

Symphonie- oder Opernorchester auch Barock spielen kann, schien vielen Puristen suspekt. Aber warum sollte man eine solche andere Interpretationshaltung nicht auch wieder einmal zur Diskussion stellen?

Begonnen hatte das neue Festival, das schlicht »Pfingsten barock« genannt wurde, mit einem Umzug durch die Stadt und einem »Banchetto musicale« im Karl-Böhm-Saal der Felsenreitschule. Im Bestreben, möglichst viele wichtige Kulturinstitutionen der Stadt einzubeziehen, kam es anfangs auch zu einer Zusammenarbeit mit Museen und der Residenzgalerie, wo man sich barockspezifischen Themen widmete. Mein Ziel war eine nochmalige Öffnung der Festspiele zu breiten Kreisen der Bevölkerung.

Die Kritik der Puristen folgte auf dem Fuß. Gerade um Pfingsten gab es, etwa im Barockstift Melk in Niederösterreich oder in Regensburg, eine rege Festivaltätigkeit, die sich speziell um die sogenannte Alte Musik kümmerte. Längst hatten ja vielfach junge Kräfte neue Impulse für den »Originalklang« gesetzt, sie schöpften den enormen Reichtum der Alten Musik aus und ließen mit kreativen Interpretationen aufhorchen. Die Kritik, die man an uns übte: Nun hole Salzburg wieder einmal das nach, was es lange versäumt habe. Wo blieben da innovative Ansätze?

Ich war mir dessen wohl bewusst, wusste jedoch auch genau, dass ein neues, noch nicht eingeführtes Festival zu einem speziellen Thema oder einer spezifischen Epoche gerade im Resonanzraum der Salzburger Festspiele zugkräftige Namen brauchte, ebenso aber auch eine Vielfalt der stilistischen Ansätze. Man musste das Vertrauen eines neuen, internationalen Publikums gewinnen und für – auch äußerliche – Anreize sorgen, durfte dabei den gewissen Prominenteneffekt nicht außer Acht lassen.

Im folgenden Jahr wagte ich gemeinsam mit Gerard Mortier noch einmal eine große barocke Opernproduktion: Sir Simon Rattle dirigierte, Ursel und Karl-Ernst Herrmann inszenierten Rameaus aufwendige »Boreaden«. Es war ein finanzielles Himmelfahrtskommando, da zeitgleich die lange verabredete Uraufführung des neuen Werkes von Luciano Berio, »Cronaca del luogo«, für den Sommer angesetzt war: zwei Projekte, die enorm viel Geld verschlangen und ein ziemliches Budgetdefizit hinterließen. Ich kann nur wieder sagen: Es ist sich trotzdem ausgegangen!

Für unser Barockfestival wollte ich inhaltlich keine Abstriche machen, obwohl wir uns keine weiteren szenischen Produktionen mehr leisten konnten. Wir behalfen uns mit Oratorien- und konzertanten Aufführungen, brachten den urkomischen, hinreißend ins Mozarteum gepflanzten »Platée« von Rameau mit den Musiciens du Louvre unter Marc Minkowski, Händels »Acis und Galathea« und »Theodora«, spielten den »Messias«, Bachs Matthäus-Passion und – wieder unter Muti – die h-Moll-Messe, gingen aber auch weit in die Musikgeschichte zurück, etwa auf eine Messe de Nostre Dame oder auf Vokalmusik, die Paul van Nevels großartiges Huelgas Ensemble in der unvergleichlichen Raumakustik der Kollegienkirche zu einem Klangwunder werden ließ. Und zum Abschied 2001 gab es dann noch einmal eine ganze Fülle an Preziosen an nur vier Tagen: die Oratorien »Israel in Egypt« und »La Resurezzione«, Händels konzertant aufgeführte Oper »Ariodante«, Schätze aus der Salzburger Musikgeschichte, einen Arienabend mit Cecilia Bartoli und der Akademie für Alte Musik, Berlin, und die »Festa di Accordone«, das erste Auftreten des neapolitanischen Ensembles um den Tenor Marco Beasley, der das Publikum im Mozarteum sogar sitzend in Tanzlaune versetzen konnte.

Mit »Pfingsten barock« wurde dem Ort etwas sehr Spezifisches gegeben. Der Impuls kam von Salzburg, denn eine Barockstadt ohne Barockmusik – das ergibt keinen Sinn. Wenn ich derzeit sehe, wie sich zu Pfingsten Riccardo Muti um die neapolitanische Schule kümmert, denke ich nicht ohne Stolz: Auch diese Idee und dieses Konzept haben funktioniert.

Das Schlusswort dieses so spannenden wie schwierigen Dezenniums der Salzburger Festspielgeschichte möchte ich aber der Präsidentin Helga Rabl-Stadler überlassen. Sie gratulierte mir zum siebzigsten Geburtstag und lobte: ein Konzertprogramm, »das Liebhabern jeglicher Form von guter Musik unvergessliche Stunden bescherte«, die Rolle »als Freund und Ermöglicher der Künstler, nie als der allmächtige Manager, der du sehr wohl warst«, die »Integrationsfigur« im Direktorium in »turbulenten Zeiten« und die Lenkung der Finanzgeschäfte. »Dass es dir in den letzten beiden Jahren gelungen ist, ein Defizit abzubauen und dem neuen Direktorium noch Reserven zu überlassen, war eine besondere Meisterleistung.«

Ich hoffe, nicht unbescheiden zu sein. Aber nach zehn so intensiven, auch schwierigen, immer aber schönen und kreativen Jahren tut ein solches zusammenfassendes Lob aus der Feder einer »Vorgesetzten« doch wohl. Ich bin glücklich über Salzburg!

Nach den großen institutionellen Lebensstationen ist es höchste Zeit, dass ich mich meinen lebenslangen Wegbegleitern und musikalischen Freunden zuwende – auch wenn sie da und dort schon früher in diesen Erinnerungen auftraten. Und auch da muss ich mit jenem beginnen (nicht nur weil er mit A anfängt), der zu einem – nicht immer einfachen – Lebensfreund geworden ist: Claudio Abbado. Der Italiener hat zu Wien eine ganz besonders innige Beziehung: zur Lebens- und Wesensart, aber besonders zu seiner musikalischen Geschichte.

Seine Affinität zu Gustav Mahler und zur Wiener Schule hat Claudio Abbado als wichtige Botschaft aus Wien mitgenommen, von seinem Lehrer Hans Swarowsky. Dieser war für mehr als eine Generation sicherlich der beste Lehrer, den man sich denken und wünschen konnte. Als Dirigent war er freilich keine herausragende Figur, außer: Er dirigierte Mahlers Dritte wie sonst keiner.

Abbado hatte von 1956 bis 1958 bei Swarowsky studiert. In einer Würdigung schrieb er über ihn, was wohl später auch auf ihn, Abbado, selbst zutraf: »Unvergeßlich bleiben seine fanatische Ehrlichkeit gegenüber jeder Partitur und sein tiefes Wissen, seine Ausdauer und Geduld beim Erklären der Werke. Er versuchte immer, neue Wege zu zeigen, um eine Partitur zu analysieren. Er wollte für alle verständlich sein und war unermüdlich im Suchen nach neuen Methoden. Er konnte seine Schüler aber auch mit unerbittlicher, äußerst unbequemer Ironie behandeln, die wir später als gerechtfertigt erkannten.«

Abbado war, wie mir oft versichert wurde, der ehrgeizigste unter Swarowskys Schülern, Zubin Mehta, der andere später weltberühmte Dirigent in dieser Klasse, der begabteste. Dessen Weltkarriere basierte nicht, wie bei Abbado, auf akribischer Detailarbeit, sondern auf einem instinktiven, musikantischen, quasi gesamtheitlichen Zugang zur Musik. Abbado hingegen hat unerbittlich studiert. Ich habe ihn beispielsweise erlebt, wie er Alban Bergs »Wozzeck« taktweise auswendig lernte. Er musste alle Werke, die er dirigierte, im Kopf haben. »Ich kann nicht anders«, sagte er mir, als ich ihn einmal fragte, wozu dieses Auswendiglernen gut sei. »Ich kann nur dirigieren, wenn ich das komplette Werk gespeichert habe.« Dabei hatte er keineswegs ein fotografisches Gedächtnis wie etwa Lorin Maazel, sondern es kostete ihn Mühe, Partituren auswendig zu lernen.

Von Hans von Bülow ist das Bonmot überliefert, ein Dirigent solle nicht den Kopf in der Partitur, sondern die Partitur im Kopf haben. Dasselbe Kunststück führte Arturo Toscanini mit besonderer Inbrunst vor, und gerade dadurch wurde es modern. Er tat das freilich aus einem pragmatischen Grund: Er war kurzsichtig. Aber sobald er diese Methode angewandt hatte, wollten natürlich auch die Jungen ihm nacheifern. Bei Abbado war es aber nicht Eitelkeit oder Prestige, sondern schlicht Notwendigkeit. »Ich kenne ein Werk nicht«, sagte er, »wenn ich es nicht von Anfang bis Ende im Kopf habe.«

Die Inspirationskraft, die von Abbado ausgegangen ist, hatte immer etwas Charismatisches. Schon als ich den knapp Dreißigjährigen bei einem Konzert in Venedig erlebte, strahlte er eine unvergleichliche Kombination von Eleganz und Präzision aus. Wenig später dirigierte er dann in Wien Mahlers Sechste – auswendig natürlich, aber mit solcher Energie, Genauigkeit und fanatischer Hingabe ans Detail und ans Ganze, dass das für mich damals – trotz Bernstein, trotz Prêtre – ein Höhepunkt war.

Natürlich war es schwer, Abbado ins Konzerthaus zu bekommen, wegen der bekannten, bereits geschilderten Gräben, die zwischen dem philharmonischen Musikverein und uns existierten. Aber wenn zur Zeit der Wiener Festwochen die Demarkationslinie aufgehoben war, stellte sich Abbado mit Freuden besonders den thematischen Projekten zur Verfügung, weil er selbst immer gerne in großen Zusammenhängen dachte und programmierte. Als er viel später, als Chef der Berliner Philharmoniker, eines seiner Jahresthemen »Faust« widmete, hat er mich sogar kontaktiert: in Sachen der Faust-Kantate Alfred Schnittkes, um deren Besetzung es ging. Und er sagte dann auch offen, dass er dieses Thema von mir übernommen habe.

Abbado gilt gemeinhin als großer Schweiger. Er redet auch auf Proben nie viel. Es überträgt sich eine intuitive Energie. Wichtig sind ihm immer gut aufbereitete Originalpartituren, die er akribisch eingerichtet hat. Das besorgen meist junge Musikwissenschaftler, zu denen er fachliches Vertrauen hat.

Wenn man ihn privat kennenlernt, dann kann er ein sehr geselliger, lustiger, eloquenter Mensch sein, der gutes Essen und guten Wein schätzt. Er ist unglaublich sprachbegabt, spricht Deutsch, Englisch, Französisch, Spanisch. Er ist ein intensiver Leser, schätzt große Literatur. Ich habe ihn zu den altösterreichischen Klassikern geführt, zu Schnitzler, zu Joseph Roth; er hat mich auf Cesare Pavese aufmerksam gemacht, auf Tommaso di Lampedusa. Worüber er ungern redet, ist Musik. Worüber er beharrlich schweigt, das sind Kollegen – außer es sind seine Idole: Furtwängler, Toscanini, Carlos Kleiber.

Ich hatte das Glück und die Freude, dass Abbados und meine Familie seit den 1980er Jahren befreundet sind, Claudio kannte und schätzte meinen Sohn, der manchen Sommer bei ihm in seinem Feriendomizil auf Sardinien zum Segeln verbrachte. So entstand ein herzliches Verhältnis. Später, in Salzburg, gab es wunderbare Einladungen in sein Haus am Gaisberghang, da kochte er für mich, und wir führten anregende Gespräche. Da waren wir gewiss auch deswegen auf einer Wellenlänge, weil wir beide Empfänge oder Cocktailpartys überhaupt nicht schätzen.

Gleichwohl, Abbado besitzt einen Wesenszug, der ihn schwierig macht. Er ist sehr misstrauisch und will immer Beweise, dass er jemandem vertrauen kann. Vielleicht rührt daher auch seine Skepsis gegenüber den Medien. Er schätzt nur wenige Journalisten und gibt so gut wie nie große Interviews.

Er scheint oft das Gefühl nicht loszuwerden, man intrigiere gegen ihn. Als ich ihn einmal privat im Engadin besuchte, wo er einen seiner Rückzugsorte hat, war er sogar so misstrauisch, dass er dachte, ich hätte hinter seinem Rücken seine (geheime) Telefonnummer notiert. Und noch etwas: Abbado hat das Gedächtnis eines Elefanten. Wenn ihm einmal jemand etwas angetan hat, dann vergisst er das nie. Derjenige wird radikal aus seiner Wahrnehmung gelöscht, für »Verjährung« gibt es so gut wie keine Chance. Man fällt dann wirklich in Ungnade.

Trotz unserer vielgestaltigen Beziehungen war ich für Abbado aber in erster Linie jener Partner, der es ihm ermöglichte, für ihn wichtige Projekte umzusetzen. Es herrschte zwischen uns auch oft Funkstille, wenn ich gerade keine Funktion bekleidete. Da reduzierten sich unsere Begegnungen sofort. Ich verhehle nicht, dass das für mich schmerzhaft war. Ich galt stets als enger Vertrauter Abbados, ich half ihm, wo es darum ging, Projekte in Bewegung zu setzen und zu realisieren. Auch als er Musikdirektor der Wiener Staatsoper werden sollte, versuchte ich, erste Wege zu bahnen. Ich bat damals den Bundestheater-Generalsekretär Robert Jungbluth, mit dem ich gut befreundet war, informell zu einem Essen an der Sirk-Ecke vis-à-vis der Staatsoper vorbeizuschauen.

Umgekehrt habe auch ich Abbado viel zu verdanken. Gerade in der Zeit der großen Krise nach dem Ende meiner Tätigkeit als Generalsekretär des Konzerthauses hat er mir und meiner Familie tatkräftig geholfen und die Londoner Jobs vermittelt, mich dann mit der Geschäftsführung des Gustav Mahler Jugendorchesters betraut. Seit meinem Weggang aus Salzburg und Wien trafen wir uns – etwa in Luzern – nur noch formell.

Künstlerisch waren mit Abbado unzählige Sternstunden zu erleben, sowohl in der Oper als auch im Konzert. Sein Engagement für die Neue Musik, das ich von der Uraufführung von Nonos »Prometeo« bis zu seinem Einsatz für die Gründung und Leitung des Festivals »Wien modern« verfolgen und direkt miterleben und nach meinen Möglichkeiten auch beeinflussen konnte, ist und bleibt beispielhaft. Seine Arbeit mit Musikern, mit Spitzenorchestern und vor allem Jugendorchestern kennt nicht ihresgleichen. Da blüht er immer neu auf. Seine Öffnung der Salzburger Osterfestspiele hat die Erstarrung dieser Karajan-Gründung aufgebrochen und ihr neuen Sinn gegeben. Zielbewusst hat Abbado immer seine Wege verfolgt, pragmatisch Lösungen gesucht. Dass etwas nicht ginge, hat er nie wahrhaben wollen. Man könne immer Wege finden, etwas, das er wollte, auch zu realisieren. Das war dann oft meine Aufgabe, und das zu ermöglichen, hat mein Leben sehr bereichert.

Der österreichische Ausnahmepianist meiner Generation, Friedrich Gulda, war von Anfang an eines meiner Idole. Wie es sich im gutbürgerlichen Milieu gehörte, genoss ich von Kindheit an eine solide Ausbildung im pianistischen Handwerk, sodass ich eine gute Voraussetzung hatte, später an der Wiener Musikakademie Unterricht zu nehmen. Ich kam in die Klasse von Richard Hauser und stand dort sozusagen im Schatten Guldas, des Meisterschülers von Bruno Seidlhofer, der Wiener Pianistenlehrerlegende. Gulda war uns allen damals schon turmhoch überlegen.

Die Nachricht, dass ein erst sechzehnjähriger österreichischer Pianist den berühmten Genfer Klavierwettbewerb gewonnen hatte, erreichte mich 1946 noch in Budapest als eine Sensation, und als Gulda kurz darauf dort gastierte und das Klavierkonzert von Schumann spielte, war das wie eine Offenbarung. Wir begegneten einander später auf etwas eigentüm-

Friedrich Gulda, Hans Landesmann

liche Art das erste Mal persönlich. Wegen meiner Herzprobleme war ich damals für etliche Monate zur Erholung auf dem Semmering. Ich wohnte im Südbahnhotel und hatte dort auch Gelegenheit, Klavier zu spielen. Zeitweise kam auch Gulda dahin, und ich hörte ihm zu, wie er übte, besser: spielend lernte. Denn er hat nicht in einem klassisch-akademischen Sinn die Stücke studiert, sondern sich ans Klavier gesetzt und alles wie selbstverständlich durchgespielt, wie in einer Art träumerischer Phantasie. Ich sprach ihn darauf an und kann mich erinnern, dass er freundlich und nett reagierte. Das Thema war seltsamerweise, ich weiß nicht, warum, Skrjabin.

Mit dem Genfer Preis erschloss sich Gulda natürlich der musikalische Weltmarkt, und er genoss nach anfänglicher Verblüffung seinen Status: eine elegante, etwas existenzialistisch angehauchte Erscheinung mit schwarzer Hornbrille und frenetischer, besonders weiblicher Fangemeinde. So etwas förderte gewiss den Hang zur Exzentrik, nicht zuletzt weil Gulda einen neuen Typus des Virtuosen repräsentierte: einen technisch überwältigend souveränen, manuell unbegrenzt befähigten und intellektuell einer sachlichen, kristallklaren, analytisch prägnanten und unbestechlich am Notentext orientierten Interpretationshaltung verpflichteten Pianisten, der befähigt war, die großen Meister der Klassik, Bach, Mozart und vor allem Beethoven, vom damals gewohnten romantisierenden Überschuss zu befreien. Das klang wie eine Durchlüftung von allseits bekannter Musik. Es war eine neue Klarheit der Sprache, die hier noch vor den Revolutionen der historisch informierten Aufführungspraxis zum Ausdruck kam, eine Absage an einen weichgezeichneten Klassikstil. Es galt, in die Werke hineinzuhören und sie strukturell mit äußerster Genauigkeit aufzuschlüsseln. Das wurde damals kontroversiell aufgenommen, man machte ihm den Vorwurf kühler Distanz und vermisste die gewohnte Gefühlstiefe.

Aus dieser Haltung heraus konnte es sich Gulda leisten, gegen die Tradition zu revoltieren, gegen das Establishment aufzubegehren, sich selbst in seiner Künstlerexistenz absolut zu setzen und dennoch tiefes Unbehagen ob dieser Rolle zu artikulieren. Verbal kam das am deutlichsten zum Ausdruck, als er 1969 mit einer berühmt-berüchtigten Brandrede gegen die bornierten musikkulturellen Verhältnisse Österreichs den Beethoven-Ring der Stadt Wien zurückgab: eine der heftigsten Abrechnungen vor Thomas Bernhard, der Gulda in vielem verwandt zu sein scheint. Ich gebe zu: Mich hat das sehr beeindruckt, wie da ein Junger den Alten ungeniert und unverschämt die Leviten las.

Auf dem musikalischen Feld befreite sich Gulda dann weit weniger überzeugend von den Lasten falsch verstandener Traditionen; er legte sich eine unangepasste Künstlerexistenz zu, die auf die Freiheit und Coolness des Jazz und einen »Third Stream« setzte, der sogenannte E- und U-Musik auf unorthodoxe Weise versöhnen sollte. Da Gulda im Grunde seines Herzens aber Klassiker blieb (und auch so ausgebildet war), waren diese Versuche meistens besser gemeint als gut eingelöst: ein schweres Dilemma, an dem er selbst zeitlebens zu tragen hatte und das wiederum neue Fehden heraufbeschwor, beispielsweise mit dem Wiener Musikkritiker Franz Endler.

Noch aber stand Beethoven im Zentrum seines Spiels und meiner Bewunderung. Gulda spielte 1967 sämtliche Sonaten nicht nur auf unvergessliche Weise im Wiener Konzerthaus, sondern dann auch auf Schallplatten für das österreichische Label Amadeo ein: immer noch eine Referenzaufnahme. Mit der c-Moll-Sonate, op. 111, hatte er den Genfer Wettbewerb gewonnen, und die Trias der letzten Sonaten lag ihm stets besonders nahe. Bis 1953 hatte er nur acht Beethoven-Sonaten im Repertoire, dann lernte er innerhalb weniger Monate die übrigen 24 – eine Leistung, die beweist, wie rasch und leicht Guldas Auffassungsgabe war. Mit diesem Gesamtzyklus verblüffte, verwunderte, begeisterte er als neuer Heros des Klavierspiels dann auf Konzerttourneen durch Europa und Südamerika. Er machte sie im faszinierendsten Sinn durchhörbar.

Als ich schon geschäftsführender Vizepräsident der Konzerthausgesellschaft war, schrieb ich Gulda einen langen Brief. Ich wollte ihn wieder zu Konzerten in Wien verführen und betonte meine Bewunderung für seinen Beethoven und wie sehnsüchtig ich mich daran erinnere. Das war ein strategischer Fauxpas. Es kam ein relativ unfreundlicher Brief retour. Allein, dass ich sehnsüchtig an etwas »zurückdenke«, würde mich für die künstlerische Verantwortung im Konzerthaus disqualifizieren. Was solle der verklärende Blick in die Vergangenheit, wo wir doch ganz anderen, neuen Zeiten entgegengingen? Die Jugend sei unsere (und seine) Rettung.

Ich nahm diesen Brief zur Kenntnis, ließ mich aber nicht entmutigen, sondern besuchte Gulda in seinem Studio am Attersee und lud ihn für Oktober 1979 zu einem Konzert mit seiner neuen »freien Musik« ein, für die er selbst das Klavier gegen Clavichord und Flöte tauschte und im Trio mit dem Bassisten Günther Rabl und der Sängerin und Schlagzeugerin Ursula Anders auftrat. Auch wenn ich grundsätzlich skeptisch war, wie hoch denn der künstlerische Ertrag werden würde, wollte ich das Wagnis eingehen, weil es mich auch selbst interessierte, zu welchem Ergebnis diese Art des Musizierens führen würde. Ich hatte mich sogar dafür starkgemacht, das Trio Gulda/Rabl/Anders weiterzuvermitteln, schrieb beispielsweise an Pierre Boulez, ob er denn diese außergewöhnliche Formation nicht nach Paris an sein IRCAM-Institut einladen könne. Höflich antwortete mir Boulez, das IRCAM sei keine Aufführungsstätte, sondern ein Kreativzentrum, in dem Musik erforscht werde. Auch da ließ ich nicht locker, weil das so nicht stimmte, und schickte Boulez Aufnahmen vom Wiener Konzert – ohne Resonanz. Da war Gulda dann ziemlich enttäuscht.

Die nächste Begegnung im Konzerthaus fand am 24. Mai 1981 statt. Zur Eröffnung des Musikfestes der Wiener Festwochen lud ich Gulda ein, zusammen mit Karl Böhm und den Wiener Philharmonikern Mozarts d-Moll-Konzert, KV 466, aufzuführen, das in seiner dramatischen Anlage eine gewisse Beethoven-Nähe hat. Gulda schätzte Böhm sehr und sagte zu, doch der 86-Jährige, der dann im August jenes Jahres starb, konnte die Verpflichtung nicht mehr einhalten. Erich Leinsdorf sprang ein, und es wurde ein unglaubliches Erlebnis, dem damals auch etliche andere berühmte Pianisten, etwa Pollini und Barenboim, beiwohnten. Überhaupt war es bemerkenswert, wie undogmatisch Gulda Partner wählte. Er konnte genauso wie mit Böhm auch mit Nikolaus Harnoncourt zusammenarbeiten, mit Josef Krips wie mit Claudio Abbado, mit Lorin Maazel wie mit Georg Solti und vielen anderen – vorausgesetzt, sie boten ihm ebenbürtige Intelligenz und Originalität.

Die Wiener Musikfreunde (und die Wiener Kritiker) freilich verziehen Guldas Eskapaden nicht, konnten mit seiner »freien Musik« nichts anfangen. Ich hatte sie dessen ungeachtet zur Diskussion stellen wollen, und es mochte auch eine Art Dankbarkeit dafür sein, dass Gulda dem Konzerthaus dieses Musikfest-Eröffnungskonzert gewährt hatte. Zumal für Oktober desselben Jahres eine neuerliche Begegnung mit dem endgültig zum Multikünstler Gewordenen angesetzt war: eines seiner typischen exzentrischen Mischprogramme von fragwürdiger Qualität. Da spielte Gulda, was er gerne tat, am Anfang eine Mozart-Sonate (die mir weniger gefiel), dann sang Ursula Anders Schubertlieder ins Mikrofon – sagen wir es vornehm: eine Gratwanderung, die etwas später noch einmal gehörigen Schwindel erzeugte: Da kamen Lieder von Schumann dran! Dann wurde es wieder fast authentisch-klassisch bei Beethovens »Zauberflöten«-Variationen für Cello und Klavier (mit Verstärkung des Klaviers durch ein Mikrofon!), mit denen sich Heinrich Schiff auf die Erstaufführung von Guldas Konzert für Cello und Blasorchester einspielte. Das ist heute fast schon ein Klassiker und hatte, damals wie jetzt, einen hohen Spaßfaktor. Es ist eine hinreißende, sofort eingängige, zündende, witzige Komposition. Darauf stand in der Presse zu lesen: »Schande für den Generalsekretär«, was mir am Tag danach um acht Uhr früh einen Anruf des damaligen Kulturstadtrats Helmut Zilk bescherte, der seiner Empörung über das, was da im Konzerthaus geschehe, freien Lauf ließ. Ich versuchte, Zilk ausdampfen zu lassen, und lud ihn ein, sich doch die Wiederholung des Konzerts anzuhören: Es war nämlich so erfolgreich, dass ich den Abend noch ein zweites Mal ansetzen musste.

Friedrich Gulda wurde noch unberechenbarer. Er wollte nur noch seine Cross-over-Projekte realisieren und verlangte zudem – was ich natürlich nie und nimmer akzeptieren konnte und wollte –, dass nur Jugendliche unter dreißig Einlass bekommen sollten. Er mietete dann auf eigene Kosten das Konzerthaus und verabreichte seinem altersmäßig doch wieder durchmischten Publikum Wechselbäder: Mozart oder Beethoven, dann nicht unoriginelle Wienerlieder, dann aber wieder furchtbaren Kitsch: das »Concerto for Ursula«. Auch wenn ich versuchte, Toleranz zu üben: Ich bekam aufrichtige Probleme mit dem von mir so Verehrten, den ich oft in Schutz genommen habe. Aber da er das Konzert auf eigene Kosten veranstaltete, war ich nicht direkt ins Geschehen involviert.

Ich denke dessen ungeachtet, man muss künstlerische Freiheit wahren, Eigenwilligkeiten zugestehen und sie fair behandeln. Friedrich Gulda machte es seinem Publikum, den Veranstaltern, letztlich aber auch sich nicht leicht mit dem zunehmend Volten schlagenden Zickzackkurs seiner Ideen, schrulligen Abenteuern und oft unerträglichen Grenzgängen.

Zuletzt beschädigte er sich gar selbst. Dann aber bekommt man wieder, wie vor kurzer Zeit, neu aufgetauchte Tondokumente zu hören und muss sich eingestehen: Was für ein genialer Künstler! Ich bedaure es dann immer, dass speziell die Wiener Musikkritik oft zur Einseitigkeit und Eindeutigkeit neigt und wenig Verständnis hat, wenn jemand aus den Kategorien, die sie einmal fixiert hat, ausbricht. Auch davor wollte ich Gulda in Schutz nehmen.

Als ich dann in Salzburg Konzertchef war, wollte ich es noch ein letztes Mal mit ihm versuchen. Gulda sollte mit seiner »Paradise Band« in der Felsenreitschule auftreten, aber er stellte unerfüllbare Forderungen. Ich hätte die Felsenreitschule eine Woche schließen müssen, damit er seine Veranstaltung vorbereiten könne. Der einzig mögliche Schritt: die Absage des Projekts. Das war mein persönliches Ende mit einem der größten, eigenwilligsten, kreativsten, aber auch umstrittensten Musiker Österreichs, der selbst noch seinen Abgang makaber inszenierte, indem er sich selbst kurzfristig für tot erklärte – um dann am 27. Jänner 2000 an seinem Wohnsitz in Weißenbach am Attersee den realen Herztod zu sterben. Es war Mozarts Geburtstag.

Friedrich Cerha war für mich der Ohrenöffner zur Neuen Musik. Wobei dieser Begriff schon durch die Großschreibung des Adjektivs eine komische Note erhält, als sei er als Warnhinweis gedacht, hier könnten Töne folgen, die nicht für eine größere Zuhörerschaft gedacht seien, die sich nur an Eingeweihte richteten. Eingeweiht war ich freilich, nach meiner Art, schon früher, denn ich hatte immer Neues mit besonderer Aufmerksamkeit, Neugier und Freude gehört, sei es die Musik Bartóks oder Kodálys, seien es die Werke der Zweiten Wiener Schule von Schönberg, Berg und Webern. Diese waren zu jener Zeit ja längst nicht klassisch kanonisiert, sondern mussten sich erst nach und nach durchsetzen – wie auch die Symphonien Gustav Mahlers, die wir heute zum selbstverständlichen Besitz des Musiklebens zählen.

Friedrich Cerha und das von Kurt Schwertsik und ihm 1958 gegründete Ensemble »die reihe«, das erste österreichische Spezialistenensemble für zeitgenössische Musik, zielte genau darauf ab: ein aufgeschlossenes, interessiertes Publikum einerseits mit den Wurzeln der österreichischen Moderne vertraut zu machen, andererseits die internationalen Entwicklungen, von denen eine ganze Generation durch den Zweiten Weltkrieg und die »Vertreibung des Geistes« abgeschnitten gewesen war, nachzuholen und mit den aktuellsten Strömungen in der Musik – Boulez, Nono, Stockhausen, die Darmstädter Schule – und neuen Schöpfungen österreichischer Komponisten zu verknüpfen. Von Beginn an zählte ich zu den treuesten Besuchern dieser Konzerte, weil ich begierig war, mich mit dem Klang dieser Komponisten vertraut zu machen. Ich habe Musik nie gelernt, sondern sie mir früher spielend, dann vor allem hörend erschlossen, und die Annäherung an zeitgenössische Musik war für mich nie eine Sache des Intellekts, sondern primär des Gefühls. Noch die strengsten, komplexesten Dinge, die zeitgenössische Komponisten in Werkform bringen, bedeuten mir nichts, wenn nicht Empfindung und Gefühl die Hauptrollen spielen.

Mit Friedrich Cerha und seiner Frau Gertraud, einer Musikwissenschaftlerin, Motor und treibende Kraft für ihren Mann als Künstler und Interpret, wurde ich durch Alfred Schmeller, den Kunsthistoriker und ehemaligen Direktor des

Museums des 20. Jahrhunderts, bekannt. In diesem Haus im Schweizergarten, nahe dem Südbahnhof, fanden die »reihe«-Konzerte statt, nachdem es zu Zerwürfnissen des Ensembles mit meinem Vorgänger im Konzerthaus, Peter Weiser, gekommen war. Weiser wollte Cerha als Dirigenten nicht so akzeptieren, wie sich dieser das wünschte. Deswegen war es dann auch, als ich das Amt des Generalsekretärs übernahm, eine meiner vordringlichsten Aufgaben, diese Entfremdung wieder aufzuheben und den Zyklus »Wege in unsere Zeit«, der von Gertraud und Friedrich Cerha eigenverantwortlich programmiert wurde, ins Programm des Konzerthauses zu integrieren. Ich vertraute auf das fachliche Wissen der beiden und ihr untrügliches Organisationsgeschick und brauchte mich da dann auch nicht wirklich einzumischen.

Eine Bedingung Cerhas war es jedoch, möglichst viele junge Zuhörer in die Konzerte zu bekommen. Das sollte, so dachte ich mir, wenigstens platz- und auslastungstechnisch kein Problem sein, auch wenn ich den Zyklus als Abonnement plante. So viele Menschen würden ja doch eine Konzertreihe mit aktueller Musik nicht buchen, dass nicht im Mozartsaal mit etwa 700 Plätzen genügend frei bliebe, um dafür entsprechende Jugendkarten zur Verfügung zu haben. Doch ich sah mich angenehm getäuscht: Die »reihe«-Reihe war in kürzester Zeit ausabonniert. Dann passierte aber Eigenartiges: Offenbar hatten viele dieser Abonnenten die Buchung als eine Art Statussymbol gesehen – so wie es ja Bücherkäufer geben soll, die Neuerscheinungen erwerben, ohne sie dann zu lesen. So blieb denn auch eine erkleckliche Anzahl an gebuchten Stammbesuchern aus, obwohl sie ein Abonnement hatten, und etwa ein Viertel der Plätze frei. Diesen Umstand plante ich für die nächste Saison insofern ein, als ich von vornherein verbilligte Karten für die Jugend reservierte, die wir über die Organisation der

Hans Landesmann, Friedrich Cerha

Jeunesse anboten. Allerdings: Die Resonanz war nicht wirklich berauschend.

Schnell entstand aus der Arbeitsbeziehung zu den Cerhas eine tiefe Freundschaft. Ich spürte instinktiv, dass Friedrich Cerha ein wichtiger, bedeutender Komponist ist. Schon in meiner Funktion als Vizepräsident der Konzerthausgesellschaft machte ich mich gemeinsam mit Alfred Schlee dafür stark, Cerhas großen, siebenteiligen Orchesterzyklus »Spiegel« uraufzuführen, ein Projekt, das wir beide regelrecht durchgedrückt haben. Mittlerweile sind diese als »Bühnenwerk für Bewegungsgruppen, Licht und Objekte« ausgewiesenen Stücke mehrere Male zu hören gewesen – allerdings wie vieles von Cerha nicht mit dem nachhaltigen Erfolg, der ihnen gebühren würde. Das gilt auch für andere große Werke aus seiner Feder: Erinnert sei an die bei den Salzburger Festspielen 1981 uraufgeführte Oper »Baal«, einen überwältigenden Uraufführungserfolg, der auch Nachspiele nach sich gezogen hat – aber wo wäre diese Oper heute zu hören? Noch deutlicher trifft dies auf Cerhas zweite Oper, »Der Rattenfänger«, zu, die ich persönlich sogar für das stärkere Stück halte, die aber weder nach der Uraufführung beim »steirischen herbst« in Graz 1987 noch in der revidierten Fassung, die ich 2003 als Musikdirektor der Wiener Festwochen herausbringen konnte, im Repertoire Fuß gefasst hat. »Der Riese vom Steinfeld«, auf ein Libretto von Peter Turrini, prominent im Juni 2002 an der Wiener Staatsoper mit Thomas Hampson in der Hauptrolle uraufgeführt, hat ebenfalls kaum Nachwirkungen gehabt; die deutsche Erstaufführung fand 2004 in Krefeld statt. Man müsste einen Preis für Zweitaufführungen ausschreiben!

Ich habe jedenfalls immer wieder versucht, für Aufführungen Cerhascher Werke einzutreten; ich denke, da wäre so etwas wie eine vergessene oder übersehene Avantgarde zu entdecken, ein stiller Neuerer, der zugleich wunderbar vielseitig und überraschend sein kann – man denke nur an das ungewöhnlich strukturierte »Netzwerk«, einen Kompositionsauftrag der Stadt Wien, bei dessen Uraufführung 1981 ich auch ein wenig mitmischen konnte.

Das heißt nicht, dass Friedrich Cerha nicht Erfolg hätte, im Gegenteil: Auch im hohen Alter komponiert er unermüdlich, und seine Aufführungen werden von seinem Publikum akzeptiert und gefeiert. Aber er ist nie über die Grenzen Österreichs hinausgekommen – außer mit einem Werk: der von ihm um den unvollendet hinterlassenen dritten Akt vervollständigten Oper »Lulu« von Alban Berg. Zu dieser Arbeit hatte ihn die Witwe Helene Berg autorisiert. Nach der Pariser Uraufführung 1979, in der legendären Intendantenzeit von Rolf Liebermann, kannte die Welt Friedrich Cerha – aber doch nur als eine Art

Alban-Berg-Geburtshelfer. Da wurde er, vielleicht wieder unter seinem Wert, dann schnell in eine falsche Ecke gedrängt.

Jedenfalls war Friedrich Cerha lange Zeit als Dirigent und Vermittler zeitgenössischer Musik wesentlich bekannter denn als Komponist: ein Altruist des Zeitgenössischen. Die konsequente, wenn man ihn in den Proben erlebte, auch pingelige und pitzelige Arbeit mit seinem Ensemble, von dem er absolute Qualitätsmaßstäbe forderte, war für die anderen, von der Zweiten Wiener Schule über arrivierte Zeitgenossen wie György Ligeti oder Harrison Birtwistle bis zu den Jungen wie Gerd Kühr, Johannes Maria Staud oder Georg Friedrich Haas, die er unermüdlich förderte, stets wesentlich ertragreicher als für das eigene Werk, das er als Interpret nie ungebührlich forcierte. Das Modell des Ensembles »die reihe« hat ebenfalls Folgewirkungen, die größer sind, als man gemeinhin denken mag. Ohne diese Pionierarbeit gäbe es heute kein Klangforum Wien, aber auch das Pariser Ensemble intercontemporain, von Pierre Boulez gegründet, oder das Ensemble Modern in Deutschland fußen auf Erkenntnissen, die in der »reihe« vorformuliert sind.

Friedrich Cerha darf zufrieden auf das schauen, was er für die – verwenden wir noch einmal den Begriff – Neue Musik geleistet hat. Er war und bleibt ein Pionier der Moderne. Insofern getraue ich mich nach unserer langen Freundschaft zu sagen, dass »der Fritz« ein Mensch ist, der heute mit sich im Einklang lebt. Dass ich für ihn manches anschieben und durchsetzen konnte, erfüllt mich mit einiger Genugtuung.

Auch mit dem Pianisten András Schiff, meinem ungarischen Landsmann, verbindet mich eine tiefe Lebensfreundschaft. Unsere Wege kreuzten sich erstmals in Wien, dann trafen wir uns in London, wo er lebte, wieder (ohne dass konkrete musikalische Projekte damit verbunden waren), und schließlich konnten wir in Salzburg und Mondsee, wo ich mit ihm 1989 die Musiktage begründet habe, wunderbare Projekte realisieren.

Kreuzungspunkt Wien: Schon im Konzerthaus konnte ich für den jungen Musiker Auftritte planen. Sein unvergleichliches Bach-Spiel hatte mich als Erstes über die Maßen beeindruckt. Zuvor pflegte ich eine etwas puristische Einstellung, war mit Bach am Cembalo, mit den Interpretationen von Wanda Landowska groß geworden, sodass ich immer dachte, Bach am Klavier sei ein nicht wirklich zielführender Kompromiss. Schiff war der Erste – und ist für mich bis heute der Größte –, der dieses Kunststück und Wunder zustande brachte. Er spielt so klar und logisch und dabei so wundersam sanglich, dass man gar nicht realisiert, dass Bach nicht für dieses Instrument komponiert hat. Dazu kamen (und kommen) Schiffs umfassendes Interesse an Kunst, seine Offenheit für alle Genres der klassischen Musik, seine Belesenheit, sein tiefschürfendes Nachdenken über kulturelle Gegebenheiten und Zusammenhänge. Er hat viele Liederabende großer Sänger mitgestaltet (begleitet soll man nicht sagen, weil das immer mehr war: ein Mitatmen, Mitleben im vokalen Ausdruck) – von Silvia Sass noch in Ungarn bis zu Robert Holl oder Peter Schreier. Seine dritte Leidenschaft – hier muss ich die Antwort, wie ich diese Passion denn beurteile, noch offenlassen – ist das Dirigieren. Ich kenne nur einen, der beides, das Klavier und den Taktstock, gleichermaßen beherrscht: Daniel Barenboim. Es gibt ja viele Pianisten, die ein Orchester vom Instrument aus leiten (was gute historische Gründe hat), aber richtig glücklich werde ich mit derartigen Doppelbegabungen eigentlich nicht.

András Schiff kam nach Wien, lernte dort auch seine spätere Frau, die japanische Geigerin Yuko Shiokawa, kennen, die in Wien studierte, und wollte sich in den USA niederlassen.

Da seine Mutter weiterhin in Budapest lebte und er bei seinem Versuch, sich in Amerika einbürgern zu lassen, mit der Immigrationsbehörde unangenehme Dinge erlebte, machte ich ihm den Vorschlag, doch in Österreich zu bleiben und hier Staatsbürger zu werden. Ich wollte ihm dabei behilflich sein, zumal ohnehin Interesse darin bestand, besonders Künstler aus dem Osten einzubürgern. Und schließlich, so dachte ich, war der europäische Kulturkreis seinem Denken und Handeln viel näher als die Vereinigten Staaten. Es gelang dann tatsächlich zu meiner eigenen Überraschung, dass die Einbürgerung in kürzester Zeit über die Bühne ging und András Schiff 1987 feierlich die Urkunde im Wiener Rathaus überreicht bekam – währenddessen wurde mein Wagen abgeschleppt, weil ich in der Eile falsch geparkt hatte.

Von Wien aus übersiedelten Schiff und seine Frau dann nach Salzburg, die Fühler Richtung Festspiele wurden ausgestreckt, und ich hatte eine eigene Idee, um András Schiff künstlerisch sesshaft zu machen. Wir besaßen seit den frühen 1980er Jahren ein Seegrundstück am Mondsee; unsere Freunde Renée und Otto Schenk hatten uns erzählt, es sei zu kaufen. Ich hatte es gar nicht in Augenschein nehmen können, da ich unterwegs war, aber meine Frau hat den Kauf rasch und konsequent abgewickelt; es war beinahe eine Geheimsache. Man sagte uns, das Grundstück gehöre einem Herrn Wenzl, den wir nicht kannten; später erfuhren wir, dass er Generaldirektor der Oberösterreichischen Kraftwerke AG sei und vormals Landeshauptmann von Oberösterreich gewesen war.

Wir bauten dann ein dreistöckiges Holzhaus und stellten uns schon vor, wie behaglich das neue Domizil werden würde. Es fehlte nur noch die Bodenversiegelung mit Wachs. Dieses Wachs erwärmte ein Arbeiter im oberen Stockwerk aber unglücklicherweise mit einer Flamme, der Kübel fing Feuer, der

Arbeiter, der sich selbst erheblich verbrannt hatte, versuchte noch, ihn aus dem Fenster zu werfen, was aber nicht gelang. So brannte durch das verschüttete Wachs bald das ganze Treppenhaus, und das Haus loderte lichterloh, so schön, dass man, wie man mir erzählte – ich war gerade beim Tschaikowsky-Wettbewerb in Moskau –, sogar auf Schiffen über den Mondsee kam, um den Brand zu sehen. Was das Feuer noch übrig gelassen hat, musste – es ging ja nicht anders – die Feuerwehr durch ihr Löschwasser zerstören. Also fingen wir nochmals zu bauen an, kleiner diesmal, und gottlob steht dieses Haus bis heute und hoffentlich noch lange.

In Mondsee gibt es eine wunderschöne Kirche, kleine Räume für Kammermusik und eine aktive Musikschule – das Musikschulwesen in Oberösterreich gilt weit über die Landesgrenzen hinaus als vorbildlich organisiert –, und so brachte ich eben eines Tages András Schiff dorthin, damit er sich den Ort ansehe. Er hatte zuvor mehrere Male bei Gidon Kremer in Lockenhaus gespielt, dem Urtyp eines kleinen, intimen Festivals abseits der Musikzentren, und ich wusste, dass Schiff das aufgeregte Brimborium großer Festivals gar nicht behagte. Der Ort und die Idee, nach Lockenhauser Vorbild in Mondsee Kammermusik mit Freunden zu machen, nahmen ihn sofort ein.

Meine Aufgabe war es dann, die kulturpolitische und finanzielle Basis zu legen und abzusichern. Der Bürgermeister war von unserem Ansinnen begeistert, und obwohl er kein ausgewiesen musischer Mensch war, stellte er uns die Räume zur Verfügung. Die Organisation erledigte Kristel Josel, die schon bei mir gearbeitet hatte. Als Zeitpunkt für die Veranstaltung fassten wir eine Periode Anfang September, nach den Salzburger Festspielen, ins Auge, damit Musikfreunde einen speziellen Musikgenuss noch mit ein paar Tagen Urlaub verbinden konnten. András Schiff war als künstlerischer Leiter für das Programmatische verantwortlich, ebenso für die Auswahl der Künstler, die er hauptsächlich aus seinem Freundeskreis rekrutierte. Kern des Festivals war, dass diese Künstler nicht auf der Durchreise sein, sondern etwa zehn Tage vor Ort bleiben sollten. Im Gegensatz zu Lockenhaus, wo die Programme von Tag zu Tag spontan zusammengestellt und auch öffentlich geprobt wurden, wollten wir die Konzerte fixieren, dabei aber in den Besetzungsvarianten immer auch flexibel bleiben. Schiff dachte in Paarbildungen, er wollte am liebsten stets einen Klassiker mit einem Klassiker des zwanzigsten Jahrhunderts verbinden. Es begann vorsichtig mit den Dioskuren Bach und Brahms, dann kamen Beethoven und Bartók, dann – um nicht immer die großen B zu bedienen – Schubert und Janáček, Mozart und Debussy; ein Schwerpunkt lag auf Joseph Haydn, der damals nicht wirklich populär war. Schiff wollte sich darum kümmern, dass die Konzerte aufgezeichnet und dokumentiert würden, was nicht von Anfang an gelang, schließlich aber doch zu einer schönen CD-Serie der Firma Decca führte. Besondere Verdienste in der Vermittlung der Inhalte, die András Schiff in Mondsee wichtig waren, kamen Otto Biba zu, der sie in den Programmbüchern und in Vorträgen dem Publikum erläuterte.

Was sich Schiff indessen verbat – ich geriet mit ihm darüber auch in Streit –, das war die Einladung von Kritikern. Er fasste die Musiktage Mondsee als privates Festival auf und wollte manchen Musikberichterstattern die Teilnahme untersagen. Im Interesse der Subventionsgeber und der Gemeinde konnte ich das nicht gutheißen. Man braucht Öffentlichkeitswirkung, und die Idee musste nach außen getragen werden. Aber Schiff war in diesem Punkt sensibel. Ihn hatte eine Kritik ganz persönlich verletzt, sodass er einige Kritiker von seinem Festival aussperren ließ. Und in seinen emotionalen Haltungen konnte er rigoros und gnadenlos unerbittlich sein. Gewiss mochte er unliebsame Erfahrungen gemacht haben, aber der benötigten Publicity tat dies keinen Gefallen.

Zu seinen Freunden und zum Publikum, das sich von Anfang an wie eine eingeschworene Gemeinde in Mondsee wohlfühlte, war András Schiff stets ausgesucht freundlich; er konnte auf seine Art sehr witzig sein, und die Stammgäste wussten bald, in welches Wirtshaus wir uns nach den Konzerten zurückzogen. Die Ortsansässigen begegneten uns zuvorkommend, aber direkt angesprochen durch unsere Aktivitäten fühlten sich eher die Zweithausbesitzer am Mondsee und jene, die in der Gegend ihre Urlaubsdomizile hatten. Nach zwei oder drei Jahren ließ die Gemeinde dann mithilfe der Umlandgemeinden einen schönen Saal im Stift Mondsee für Konzertzwecke umbauen, sodass nun auch die akustischen Bedingungen deutlich besser waren. Man erkannte den Trend, dass sich exquisite Kultur mit Qualitätstourismus verbinden ließ, wie dadurch auch ein neues, anderes Publikum angesprochen werden konnte. Ein Manko, das ich wieder und wieder kritisierte, blieb: Es kam zu keinen Synergieeffekten mit anderen, sich gerade im Salzkammergut etablierenden Kleinfestivals. Diese sollten nicht die einzelnen Programme stören, aber wenigstens gemeinsame Werbeauftritte und PR-Aktivitäten hätten allen geholfen, sich und die Region besser zu positionieren, anstatt künstliche Konkurrenzsituationen zu schaffen.

András Schiffs Künstlerfamilie, der Freundeskreis und die Stammgäste schufen indessen unabhängig davon zehn Frühherbste lang eine unvergleichliche Atmosphäre. Dann beschloss Schiff, dass es genug sei, er entwickelte andere, weitergehende Interessen – etwa mit der Gründung seines Orchesters »Cappella Barca«, dessen Titel ein Wortwitz ganz nach Schiffscher Art ist –, und Mondsee musste sich neu orientieren. Durch den Geiger Christian Altenburger und seine damalige Frau, die Schauspielerin Julia Stemberger, wurde das Zusammenspiel von Literatur und Musik betont, und 2006 übernahm der aus Oberösterreich stammende Cellist Heinrich Schiff die Leitung, um wiederum andere Akzente zu setzen, beispielsweise mit der Einladung verschiedener Composer in Residence. Die Musiktage Mondsee haben sich verändert, aber die Idee ist nach wie vor lebendig.

Die Projekte, die ich mit András Schiff schwerpunktartig für die Salzburger Festspiele entwickelte, waren genauso persönlichkeitsgeprägt wie seine Ideen für Mondsee, aber hier war er künstlerischer Leiter, dort ausübender, verpflichteter Künstler: ein feiner, aber wichtiger Unterschied. Dennoch zeigte sich in der Handschrift des Programmdenkers seine Art, Zusammenhänge zu schaffen, Verbindungen sichtbar zu machen, die sonst so nicht offen gelegen wären. Und es offenbarte, wie umfassend sich Schiff nicht nur für seine Musik, sondern auch für kulturelle Konnotationen interessierte. Das machte ihn aber zugleich auch besonders sensibel und verletzbar. Als im Jahr 2000 in Österreich von ÖVP-Parteiobmann Wolfgang Schüssel und FPÖ-Führer Jörg Haider die sogenannte Wenderegierung installiert wurde, kam es zum Eklat. Diese Regierungsbeteiligung der Partei des oft am Rande des Antisemitismus entlangbalancierenden Rechtspopulisten traf András Schiff ins Mark. Solange diese Regierung im Amt sei, wollte er keine Auftritte mehr in Österreich absolvieren, beschied er. Die erste Absage betraf ein Konzert in der österreichischen Botschaft in Washington; da habe ich ihm auch Recht gegeben. Dann aber sagte er Konzerte im Wiener Musikverein und in Bregenz ab, und da bat ich ihn dann doch, seine Haltung zu überdenken. Ich versuchte ihm klarzumachen, dass er nicht für die Regierung spiele, sondern für das Publikum, und hier nicht nur für Österreicher, sondern auch für internationale Gäste. Man könne zu einer Regierung stehen, wie man wolle – und ich war selbst weiß Gott kein Freund dieser Wende –, aber man solle nicht das Publikum dafür bestrafen. Leider war mit ihm diesbezüglich nicht zu argumentieren, und so hat damals unsere Freundschaft einen ernstlichen Knacks erhalten.

Ich versuchte es weiter: Auch Pierre Boulez hatte eine sehr kritische Einstellung zur damaligen politischen Situation in Österreich, aber er sagte, er trete ja nicht für die 26 Prozent Haider-Wähler auf, sondern für die restlichen 74 Prozent. Auch das war András Schiff nicht verständlich zu machen, und auch nicht das Argument, dass gerade eine Regierung wie diese kritische Geister wie Schiff ohnehin nicht wolle, es also ganz im Sinne dieser Regierung wäre, wenn er nicht in Österreich spiele. Das sei ein Schuss, der nach hinten losginge. Aber Schiff kannte kein Pardon.

Als ich für den Sommer 2001 ein Bartók-Projekt vereinbarte, bestand Schiff darauf, ins Programmheft ein Statement aufzunehmen, in dem er schrieb, dass er diese Regierung ablehne. Das habe ich nicht akzeptiert, weil es meiner Meinung nach andere desavouiert hätte. Ich sagte ihm damals klipp und klar: Und wie ist das mit Brendel und Pollini? Spielen die jetzt für Nazis? Letztlich musste ich das Projekt ad acta legen. Eine Ausnahme machte Schiff: Er spielte vorübergehend in Österreich nur mehr bei der Mozartwoche, weil er bei der Internationalen Stiftung Mozarteum seinen Protest artikulieren konnte. Als er seine starre Haltung aufgab, hatte er es sich aber auch anderweitig verscherzt. Er verlor die Wertschätzung der Wiener Philharmoniker, die den Protest als Affront angesehen und ihn auch seither nicht mehr eingeladen haben.

Wie tief ihn, den österreichischen Staatsbürger, das damalige Wahlergebnis geschockt hat, kann man als Außenstehender nicht leicht begreifen. Aber in seiner aufrechten Sturheit traf sich wohl auch seine Abneigung gegen jede Art von Ausgrenzung. In Ungarn musste er sie erfahren, weil er dort nicht so geschätzt wurde wie seine Alterskollegen Zoltán Kocsis und Desző Ránki. Beide erhielten den bedeutendsten Musikpreis des Landes, den Kossuth-Preis, er nicht. Die ungarische Politik von János Kádár war ein entscheidender Grund, warum der Homo politicus András Schiff seine Heimat verließ. Ob er mit der Wenderegierung auch seine mögliche neue Heimat, Österreich, verloren hat? Er fand in Österreich einen sehr guten Boden für seine Kunst, konnte auf dem Humus der musikalischen Tradition bauen. Ich weiß, dass er Österreich als Land sehr schätzt. Vielleicht hat er es sogar geliebt. Heute kommt er wieder, aber im Grunde seines Wesens ist er, landauf, landab unermüdlich konzertierend, ohnehin ein permanenter Sucher und Wanderer – und mir ein Lebensfreund geblieben.

Auf die so aufregenden wie anregend-vielseitigen zehn Jahre meiner Arbeit für die Salzburger Festspiele folgte unmittelbar noch einmal ein Neubeginn. Am 31. August 2001 beendete ich offiziell meine Tätigkeit als Finanz- und Konzertchef der Salzburger Festspiele; am 1. September begann ich als Musikdirektor der Wiener Festwochen in einem neuen Wirkungskreis.

Beginnen wir den Rückblick auf diese vier Jahre mit dem Abschied: Für mein letztes Programm als Musikdirektor, im Mai und Juni 2004, hatte ich mir nämlich einen besonderen Herzenswunsch zu erfüllen gedacht: ein Wochenende mit dem gesamten Œuvre von Anton von Webern, der mein Leitstern der musikalischen Moderne war. Deshalb habe ich damals für das Gesamtspektrum unserer Aktivitäten für 2004 das Motto »Mythos Moderne« gesetzt. Es sollten ausschließlich Werke des zwanzigsten und des jungen 21. Jahrhunderts erklingen. Und jener Meister, ohne dessen Wirkung die musikalische (Nachkriegs-)Moderne wohl nicht möglich gewesen wäre, sollte mit einem ganz besonderen Konzertformat zum Klingen gebracht werden. Im Prolog zum Programmbuch schrieb ich:

»In den Konzertsälen sind üblicherweise nur einige wenige Werke des ›Komponisten mit dem komprimiertesten Ausdruck‹ zu hören. Der Grund dafür ist einerseits in dem weithin verbreiteten Vorurteil einer gewissen Sperrigkeit seiner Werke zu suchen, aber auch in den oft unüblichen Besetzungen. Um mit dem Vorurteil vom unverständlichen Neutöner aufzuräumen, wollen wir an einem Wochenende versuchen, uns ganz dem Hören hinzugeben, denn das verlangt die Musik Anton Weberns: Klänge zu erkennen, diese sinnlich zu erfahren.«

Wir ließen uns also auf ein singuläres Abenteuer ein: Innerhalb von 36 Stunden sollte in dreizehn Konzerten Weberns Gesamtwerk aufgeführt werden. Dies war schon einmal geschehen, in meiner Zeit als Generalsekretär des Konzerthauses, damals aber waren nur die gesicherten, mit Opuszahlen kanonisierten Kompositionen erklungen. Mittlerweile war vor allem durch die unermüdliche Forschungs- und Editionsarbeit von Friedrich Cerha vieles an nicht bekannten, oft fragmentarisch hinterlassenen Stücken und Skizzen zugänglich, die nun erstmals im Zusammenhang mit dem veröffentlichten Œuvre vorgestellt werden sollten. Das war ein neuer Ansatz, der weit ausstrahlendes überregionales Interesse weckte. Viele internationale Medien berichteten von diesem »Fest für Anton von Webern«; Wolfgang Sandner beispielsweise resümierte in der *Frankfurter Allgemeinen Zeitung*: »Es war eine (...) überraschende Erkenntnis dieser instruktiven Webern-Tage in Wien: daß es neben dem Kanon seiner offiziellen einunddreißig Opera noch einmal so viele Varianten, Sätze zu geplanten größeren Werken, nicht veröffentlichte Frühwerke und Fragmente gibt, die erst das Bild eines Künstlers komplettieren (…) Eines Künstlers, der durchaus kein revolutionärer Berserker gewesen ist, vielmehr ein Evolutionär, der nur schneller und kompromißloser als alle anderen Tonsetzer das überkommene Tonmaterial in neue Klangformen verwandelte.« Und er erinnerte in seiner detailreich argumentierenden Kritik an einen Satz Weberns, der für die Grundhaltung der Interpretationen auf diesem »Fest«, wie sie vor allem Friedrich Cerha und Sylvain Cambreling als Hauptdirigenten geprägt haben, symptomatisch schien. Webern hatte 1941 dem Musikkritiker Willi Reich vor der Uraufführung der Variationen für Orchester, op. 30, geschrieben: »Wenn man aber schon aufführt, dann muß es aber die richtige sinnliche Erscheinung geben (…) schwelgt in Klängen, dann tut ihr recht, Dirigenten!«

Gerade diese Komponente wird ja bei der Wiedergabe zeitgenössischer Musik oft geringgeschätzt. Sehr lange war die Konstruktion der sogenannten Neuen Musik weit wichtiger als deren klangsinnliche Vermittlung, die selbst den konstruiertesten Werken eingeschrieben sein kann. Und genau deswegen sollte diese Wiener Webern-Initiative eben ein »Fest« sein: eine »Herausforderung an die eigene Phantasie«, die ich mir wünschte, denn das sollte erfahrbar werden: »es will jemand in Tönen etwas mitteilen, was nicht anders zu sagen ist« (Anton Webern).

Dass in warmherzigen Kommentaren auch mein lebenslanges Bemühen gewürdigt wurde, dem Neuen Gehör zu verschaffen, erfüllte mich mit Stolz: »Noch einmal hat Landesmann (…) sein Herzensanliegen vorgebracht: die Musik der Moderne«, lobte Peter Hagmann in der *Neuen Zürcher Zeitung*, der noch viel Wichtigeres notierte: die Begeisterung (und Begeisterungsfähigkeit) eines breiten Publikums, das bereit war, die Ohren zu öffnen. Das ist nicht nur für Künstler, sondern auch für den Programmmacher der schönste Lohn, der sich denken lässt.

Ich bin unendlich dankbar, dass mich so viele Künstler mit größter Aufgeschlossenheit und mitreißender Neugierde darin unterstützt haben, diesem Ziel Schritt um Schritt näher zu kommen. Von A bis Z (oder wenigstens bis zum W), vom Arnold Schoenberg Chor bis zu den Wiener Philharmonikern, sind sie im Programmbuch aufgelistet.

Das Webern-Fest war ein deutlicher Schlusspunkt hinter einer insgesamt vielfältigen, aber nicht immer friktionsfrei abgelaufenen Zeit, in der ich das Musikprogramm der vor allem durch ihr internationales Theaterangebot etwas schlagseitig positionierten Wiener Festwochen zu einem Kernanliegen gestalten wollte. Mein Tätigkeitsbericht mag denn auch durchaus Respektables vorweisen. Die Wiener Festwochen wollen Jahr für Jahr ein Schaufenster der Künste sein, zu einer Zeit im Jahr, wenn die normale Opern-, Theater- und Konzertsaison zu Ende geht, Kräfte bündeln und die eigenen Traditionen mit internationalen Sichtweisen und neuen Formen zu einem vielfältigen Panorama erweitern. So war es auch mein Auftrag, für die Musiktheaterproduktionen einen großen Bogen zu spannen, vom Barock bis in die unmittelbare Gegenwart.

Ich hatte die Aufgabe von dem erfahrenen Musikdramaturgen Klaus-Peter Kehr übernommen und musste, wie das bei solchen Übergängen der Fall ist, die weit vorausgeplanten Programmpunkte übernehmen. Dennoch blieb Spielraum für etwa noch gut die Hälfte des Programms, die ich 2001 mit eigenen Projekten füllen konnte.

Der folgende Jahrgang 2002 war dann überraschend stark musiktheaterlastig. Als Erstes hatte ich die traditionelle Eröffnungsfeier in meine Agenda übernommen, die stets auf dem Rathausplatz stattfindet und dort für ein breites Publikum musikalische Darbietungen offeriert, die aber nicht nur den Massengeschmack bedienen sollen. Gemeinsam mit Gerhard Bronner entwickelte ich dafür einen Hollywood-Schwerpunkt.

Die Spannweite der Opernaufführungen reichte von Monteverdis »Il ritorno d'Ulisse in patria« mit Les Arts Florissants unter William Christie bis zu den »Three Tales« von Steve Reich, von Mozarts Da-Ponte-Opern, die wir verpflichtet waren, im Theater an der Wien in den Produktionen der Wiener Staatsoper unter Riccardo Muti zu spielen, bis zu den aus Lyon eingeladenen »Drei Schwestern« von Peter Eötvös. In eigenen Konzerten setzte ich undogmatische Akzente; so lud ich das Vienna Art Orchestra, das damals ein Jubiläum feierte, zu vier Konzerten ein und stellte in einem Konzert Väter und Söhne vor: György und Lukas Ligeti, György Kurtág sen. und jun. Zudem animierte ich meine Salzburger Freunde Markus Hinterhäuser und Tomas Zierhofer-Kin, nach ihrem großen Erfolg der »Zeitfluss«-Schiene bei den Salzburger Festspielen etwas Ähnliches für Wien zu entwickeln: die zeit_zone, die freilich weniger erfolgreich war – ein Beweis, dass man ein Erfolgsrezept nicht ohne weiteres an einen anderen Ort weiterreichen sollte. Und dann hatte noch Luc Bondy, der Intendant der Wiener Festwochen, dem ich als Spartenleiter unterstellt war, seine vielgelobte und wirklich wunderbare Inszenierung von Brittens »Turn of the Screw« aus Aix ins Theater an der Wien mitgebracht.

Die Konzerte der Musikfeste, abwechselnd vom Musikverein und vom Konzerthaus programmiert, stärker mit Idee und Gedanken der Wiener Festwochen zu verknüpfen, das ist mir indessen weder als Generalsekretär des Konzerthauses noch in meiner neuen Funktion als Musikdirektor der Wiener Festwochen gelungen. Das musste man als Gegebenheit hinnehmen, ohne dass man die Zweigleisigkeit groß bedauern müsste.

Denn auch so war für Oper und Konzert, wenn auch unabhängig voneinander, die Tafel für das Publikum reich gedeckt.

Das üppige Musiktheater-Programm des Jahres 2002 wurde bei den weiteren Planungen etwas scheel beäugt. Luc Bondy ist, auch wenn er immer wieder für die Oper arbeitet, doch ein Mann des Theaters, und mein Programm brauchte in seinem ambitionierten Anspruch gerade für das Neue nicht wenig Geld. Dieses aber gab der kaufmännische Leiter der Festwochen, Wolfgang Wais, oft sehr zögerlich und vor allem spät frei, was zu etlichen Spannungen führte.

Dennoch wollte ich nicht lockerlassen und setzte für 2003 wieder Barockes an (Herbert Wernickes legendäre, bereits in Salzburg gezeigte, ursprünglich für Brüssel entstandene Cavalli-Oper »La Calisto«, die ich zum Gedenken an den knapp zuvor gestorbenen Regisseur nach Wien holte), dann im Kontrast dazu ganz Neues: »Massacre«, die musikalische Deutung von Christopher Marlowes »Bartholomäusnacht« durch Wolfgang Mitterer. Eine neue Idee war es, bemerkenswerte Opernproduktionen aus den Bundesländern nach Wien einzuladen: Und so kamen aus Klagenfurt Dietmar Pflegerls Inszenierung von Puccinis »Madama Butterfly«, eine sorgsam entkitschte Version dieser beliebten Oper, und aus Graz Peter Konwitschnys umstrittene »Aida«, die auch in Wien sehr kontroversiell aufgenommen wurde. Ich ließ Hinterhäuser und Zierhofer-Kin die zeit_zone fortsetzen und produzierte mit der rührigen Neuen Oper Wien im Gasometer Helmut Lachenmanns »Mädchen mit den Schwefelhölzern«. Gemeinsam mit der Schauspielabteilung organisierten wir als Gastspiel aus Zürich Christoph Marthalers irritierende szenische Deutung der »Schönen Müllerin«, und dann übernahm ich noch, gemeinsam mit dem Wiener Konzerthaus, aber außerhalb des Musikfestes, die Präsentation des Kompositionspreises, den die Bank

Austria im Namen Claudio Abbados gestiftet hatte. Auch das schuf wieder ein neues Fenster zur Moderne.

Der »Mythos Moderne«, den ich dann für meine letzte Festwochensaison als übergeordnetes Thema fand, sollte Schlüsselwerke des zwanzigsten Jahrhunderts und neuestes Musiktheater fokussieren, beispielsweise die von der Münchner Biennale übernommene Produktion der Oper »Berenice« von Johannes Maria Staud. Ich war immer wieder auf der Suche nach jungen österreichischen Talenten, um sie nach Kräften zu fördern. So brachte ich etwa Georg Friedrich Haas mit Jon Fosse zusammen, dessen Roman »Melancholia« ich für ein meisterhaftes Werk halte. Nach diesem Stoff, auf den Haas fast gewartet zu haben schien, schuf der Komponist, dessen konsequenten Weg ich sehr schätze, ein Bühnenwerk, das dann freilich nicht mehr bei den Wiener Festwochen herauskommen konnte, sondern von Gerard Mortier in Paris erfolgreich produziert wurde. In dieser Produktion fand die österreichische Erstaufführung beim »steirischen herbst« in Graz statt.

Unglück hatte ich indes mit einem Gastspiel aus Hannover, wo Jossi Wieler eine ganz außerordentliche, kühl, aber klar und leidenschaftlich sezierende Inszenierung von Debussys »Pelleas et Melisande« geschaffen hatte; in Wien fiel sie gnadenlos durch. Dafür gab es für den wiederum aus Aix eingeladenen Tripleabend mit Manuel de Fallas »El Retablo de Maese Pedro«, Strawinskys »Renard« und Schönbergs »Pierrot lunaire« in der Regie von Klaus Michael Grüber, dirigiert von Pierre Boulez, ein heiteres Aperçu. Nach dem Willen des Regisseurs spielte darin ein dressierter Affe eine wichtige Rolle, jedenfalls so, dass man ihn nicht durch irgendein anderes Tier ersetzen konnte. Es musste der französische Originalaffe sein. Üblicherweise treten in solchen Fällen zwar gerne Tierschützer auf, die aus gewiss hehren Motiven ein kritisches Auge auf die

Zurschaustellung haben – auch wenn sich das Tier noch so wohlfühlen sollte. Bei uns allerdings schritt komischerweise das Arbeitsinspektorat ein. Es verlangte allen Ernstes für den Affen eine amtliche Arbeitsbewilligung. Wir hatten dafür keine Vorsorge getroffen und mussten das Dokument dann tatsächlich nachreichen.

Mittlerweile waren die Beziehungen zur Leitung der Wiener Festwochen aber so getrübt, dass ich erkennen musste: Ich war nicht mehr willkommen. Es gab einen gewissen Kampf der Sparten, und ich hatte das Gefühl, dass die Musik nicht jenen Stellenwert hatte, den ich ihr geben wollte und aus einer inneren Verpflichtung heraus geben musste. Immerhin hatte ich ja schon seit meinen Zeiten als Generalsekretär des Konzerthauses – durch die Musikfeste – Brücken zu den Festwochen bauen können. Ich verpflichtete noch für 2004 meinen Freund András Schiff für eine Aufführung von Janáčeks »Tagebuch eines Verschollenen«. Hinter meinem Rücken bot ihm unterdessen Stéphane Lissner, der designierte neue Musikchef, an, er könne das Werk szenisch in fünf Aufführungen 2005 spielen, wenn er mir absagte – was Schiff einigermaßen irritierte. Überdies hatte mein damaliger Assistent schon allen Mitwirkenden (András Schiff, Philip Langridge, Hannah Esther Minutillo und dem Arnold Schoenberg Chor) mitgeteilt, der Abend würde 2004 nicht stattfinden – ohne Rücksprache mit mir. Ich wurde auch nicht mehr zu den Programmsitzungen beigezogen. Also war es besser, mich zu verabschieden.

Parallel zu meiner Tätigkeit als Musikchef der Wiener Festwochen hatte ich über Auftrag der Stadt Wien von den Wiener Festwochen einen Konsulentenvertrag erhalten, der mich ab 1. Juli 2002 verpflichtete, »die künstlerische Planung der Bespielung des Theaters an der Wien für 2006 – Mozartjahr – mit konkreten Spielplan- und Besetzungsvorschlägen und allfällig notwendigen Dispositionen (…) zu übernehmen«. Emanuel Schikaneder, der Volksschauspieler, Impresario und Librettist der »Zauberflöte«, hatte dieses wunderbare Haus an der Rechten Wienzeile errichten lassen, Beethoven war Hauskomponist, weshalb »Fidelio« und manche andere seiner Werke dort uraufgeführt wurden, und das Wiener Publikum erlebte und durchlitt im Theater an der Wien das legendäre »Rossini-Fieber«.

Nun war es jahrzehntelang seiner ursprünglichen Zweckbestimmung entfremdet und diente dem Musical als Stammhaus, von »Cats« bis »Rudolf« – außer zur Zeit der Wiener Festwochen, wenn das Theater alljährlich zum Festspielhaus mutierte. Dann konnten dort Opern gespielt und die Sehnsucht bei vielen Besuchern entfacht werden, doch daraus wieder ein Opernhaus für Wien zu machen. Gerne wollte auch die Staatsoper das Theater an der Wien als eigene Zweitspielstätte führen, was zu manchen hitzigen kulturpolitischen Diskussionen Anlass gab.

Mit Blick auf das Mozartjahr 2006 nahmen die verantwortlichen Politiker Wiens, im Besonderen Kulturstadtrat Andreas Mailath-Pokorny, das Heft in die Hand und setzten sich – gegen große Bedenken der Finanzverwaltung – für »das neue Opernhaus« (wie es heute breitspurig heißt) ein. Es sollte nicht einfach ein herkömmliches, sozusagen repertoirebetriebenes drittes Haus neben der Staatsoper und der Volksoper werden, die die musikdramatische Grundversorgung Wiens liefern. Daneben hatten sich glücklicherweise einige freie Gruppen etabliert, die hervorragende Arbeit für das moderne Opernschaffen leisten. Vielmehr stellte sich der Auftrag, »das Theater an der Wien künftig als moderne Stadtbühne für anspruchsvolle ernste Musik und als Festivalhaus« zu positionieren, ihm darin unverwechselbare Identität zu geben und einen Stagione-Betrieb einzuführen, der mit jeweils speziell ausgesuchten Ensembles – in Eigen- oder Koproduktionen – dem Ambiente angepasste Musiktheateraufführungen sichert.

Roland Geyer, der zum Gründungsintendanten bestellt wurde, verfolgt und verfeinert dieses Prinzip mit steigendem Erfolg, setzt klare Schwerpunkte mit der Barockoper, mit klassischem und zeitgenössischem Opernschaffen und Novitäten. Die Wiener Symphoniker, das Radio-Symphonieorchester Wien und das Klangforum sind neben Originalklangensembles wie dem Concentus Musicus oder dem Freiburger Barockorchester die jeweils adäquaten Produktionsorchester; mit wichtigen Dirigenten, beispielsweise Nikolaus Harnoncourt oder René Jacobs, sind langfristige Zusammenarbeiten fixiert, was auch im Sinne der Kontinuität ist. Ich selbst hatte ja noch mit Harnoncourt für 2005 zu den Festwochen Mozarts »Lucio Silla« geplant, der dann in seiner musikalisch-szenischen Intensität zu einer Modellaufführung und zu einer schönen Vorgabe für das Mozartjahr wurde.

Als die Entwicklungen bei den Wiener Festwochen noch nicht absehbar waren, plante ich in Zusammenarbeit mit der Wiener Staatsoper ein Großprojekt für die Saison 2006/07, das bewusst ein Gegengewicht zum erwartbaren Mozart-Hype des Jubiläumsjahres werden sollte. Peter Konwitschny, der außer mit »Aida« (als Gastspiel aus Graz) noch nie in Wien präsent gewesen, aber längst ein stilbildender Regisseur war, wollte vier Opern von Christoph Willibald Gluck als Gleichnisse für die wachsende Entfremdung zwischen Mann und Frau inszenieren, eine Art »Gluck-Ring«, bestehend aus den Opern »Alceste«, »Armide«, »Iphigenie auf Tauris« und »Iphigenie in Aulis«. Seiji Ozawa sollte dieses Projekt dirigieren, Bo Skovhus eine zentrale sängerische Aufgabe übernehmen. Die Festwochen waren die Partner dieses Abenteuers, das sicherlich einigen Eindruck hinterlassen hätte.

Peter Konwitschny hatte in Graz durch den Intendanten der dortigen Oper, Gerhard Brunner, einen nachhaltigen Förderer und konnte an Österreichs zweitgrößtem Opernhaus immerhin sieben Inszenierungen herausbringen: Zu seiner Konzeption des »Gluck-Rings« hatte er 2003 angemerkt: »Ich will einen Bogen von Alceste über die beiden Iphigenie-Opern zu Armide schlagen und darin die zunehmende Entfremdung zwischen Mann und Frau thematisieren. Ioan Holender hat mir Wagners Ring angeboten, aber ich habe keinen Bock darauf, und da habe ich ihm gesagt, ich hätte da was Ähnliches (...) Wien ist eine sehr gute Stadt dafür, denn Gluck war dort, es gibt viele operninteressierte Menschen, und vier Mal Gluck ist ja nicht unproblematisch. Ich will beweisen, dass Gluck ein wunderbarer Theatermensch ist: Das ist spannendes Theater, wenn man da nicht nur hehr und heilig diese Barockmusik abzieht! Am Ende des Zyklus sprengt die Zauberin Armide die ganze Welt in die Luft. Das ist der Ring-Parabel schon recht ähnlich.«

Ich fand diesen Ansatz ausnehmend spannend. Es war vorgesehen, dass Ioan Holender zwei Produktionen an der Staatsoper herausbringt und dass die beiden Iphigenie-Opern, die aulidische und die tauridische, im Theater an der Wien herauskommen sollten. Dieses geschichtsträchtige Theaterhaus sollte mit dem Mozartjahr 2006 wieder seiner ursprünglichen Bestimmung als Spielstätte der Oper zugeführt werden, und ab diesem Jahr war geplant, nach dem Mozart-Schwerpunkt einen Stagione-Betrieb einzurichten, der es erlauben sollte, etwa acht Opernproduktionen jeweils en bloc vorzubereiten und en suite zu spielen – jenes Modell etwa, das Gerard Mortier in Brüssel verfolgt hatte. Roland Geyer, der die Verantwortung für das Theater an der Wien hatte, das der Stadt Wien unterstand, konnte indessen über das Mozartjahr 2006 so frühzeitig, wie es die Staatsoper brauchte, keine Finanzierungszusagen machen, weshalb Staatsoperndirektor Holender den paktierten Gluck-Zyklus im Jänner 2004 stornierte. »Wir können nicht länger warten, weil wir sonst in ein totales Planungsdebakel schlittern«, monierte Holender und beklagte: »Hier wurde ein europäisches Projekt zu Fall gebracht.« An diesem hätte – was vor allem für das Theater an der Wien wichtig gewesen wäre, das auf Koproduktionspartner angewiesen ist – die Frankfurter Oper mitgewirkt, später kolportierte man auch ein Interesse aus München.

Roland Geyer konnte keine fixe Zusage machen, weil er sein Budget damals nicht kannte. Zwischen dem Regisseur und der Stadt Wien habe es, darauf berief sich Geyer, auch keine bindenden Verträge gegeben, lediglich den Kontrakt mit der Wiener Staatsoper, im Speziellen die Oper »Alceste«, für die schon der Premierentermin feststand: 9. April 2006. An einzelnen Werken aber war Konwitschny nicht interessiert; er wollte immer die Gesamtperspektive, der geschlossene Zyklus war Bedingung. Die Realisierung musste dann übrigens lange warten. Erst in seiner Funktion als Chefregisseur der Oper Leipzig konnte Konwitschny darangehen, seinen »Gluck-Ring« in Angriff zu nehmen. Im April 2010, vier Jahre nach dem geplanten Termin in Wien, hatte als Erstes »Alceste« Premiere – und wurde kontroversiell aufgenommen.

Die Wien-Pläne Konwitschnys zerschlugen sich, mehr noch: Konwitschny und Skovhus klagten die Wiener Festwochen. Den Streitwert bezifferte der Regisseur öffentlich in einem

Zeitungsinterview mit 860 000 Euro, und ich war als persönlich Beklagter ebenfalls in das langwierige Verfahren involviert, das erst nach jahrelangem Rechtsstreit mit einer Einigung endete. Es war eine weitere bittere Note im Nachgeschmack meiner zweiten zentralen Wiener Arbeit.

Dass meine Wege nach den Wiener Festwochen wieder nach Salzburg zurückführen würden, war nicht geplant. Obwohl: Meine Verankerung in dieser Stadt war und ist ziemlich fest. Ich arbeite im Kuratorium der Internationalen Stiftung Mozarteum, ich bin den Freunden der Salzburger Festspiele verbunden, und ich finde es immer wieder erstaunlich, welch reichhaltiges, pulsierendes Kulturleben in einer so kleinen Stadt möglich ist. Die Wahrnehmung Salzburgs basiert international ganz und gar auf den Ereignissen der Festivals, die hier das ganze Jahr über bestimmender Faktor sind: beginnend mit der Mozartwoche Ende Jänner über die Oster- und Pfingstfestspiele – Letztere sind seit meiner Zeit ein institutionalisierter Bestandteil der Salzburger Festspiele – bis hin zu Sommerszene und Jazzherbst. In Wahrheit hat das Salzburger Kulturleben eine Überfülle an Aktivitäten anzubieten: Theater in vielfältiger Form und auf den verschiedensten Bühnen, Konzerte aller Stilrichtungen und in stets erstaunlicher Qualität, hochkarätige Ausstellungen in öffentlichen Institutionen und privaten Galerien, eine vielfältige Alternativ- und eine lebendige lokale Kreativszene.

Auch aus diesem Grund hat es mich gereizt, die Einladung anzunehmen, ein neues Festival zu kreieren. Die Idee hatte ihre Wurzeln im Mozartjahr 2006. Da suchte gerade die Mozartstadt Salzburg nach Projekten, die nicht einmalige Events sein, sondern sich nachhaltig auf die Stadt und die Region auswirken sollten. Man wollte also Mozart nicht nur hinter verschlossenen Mauern, sondern unter den Augen der Öffentlichkeit feiern. Deswegen ging man, neben vielem anderen, mit Kunst auf die Straße, lud prominente zeitgenössische Künstler ein, im Namen Mozarts (aber nicht zwingend mit ihm konnotiert) auf Zeit Interventionen im öffentlichen Raum vorzunehmen. Das wurde schon im Vorfeld lokal heftig debattiert und bekämpft; insbesondere der »umgedrehte Hubschrauber« einer italienischen Künstlerin, der zunächst vor dem Mozart-Denkmal aufgestellt werden sollte, dann auf dem Residenzplatz seine Bleibe fand, ließ den Volkszorn hochkochen. Die Aktion mit dem vielsagenden Titel »kontra.com« (sie enthielt auch eine avantgardistische Musikschiene, die aber viel weniger stark polarisierte, eigentlich beinahe ungehört verhallte) sollte eigentlich in einem Zweijahresrhythmus weitergeführt werden. Die Stadtverantwortlichen wollten dann aber wegen der allzu heftigen öffentlichen Reaktionen eine direkte Fortsetzung eher vermeiden. Das dafür reservierte Geld – und das ehrt die Kulturpolitiker – sollte aber nicht irgendwo versickern, sondern zweckgewidmet weiterhin einer ungewöhnlichen kulturellen Initiative zukommen, die überregionale Strahlkraft besitzt, dennoch aber lokal verankert sein sollte.

Das war ein reizvoller Ausgangspunkt. So baute ich, nachdem mir der Salzburger Bürgermeister den Auftrag gegeben hatte, mein Gedankengebäude auf zwei Säulen auf. Unter dem Schirm der neuen Salzburg Biennale sammelte ich Musiker und Institutionen, die sich in Salzburg auf hohem Niveau der Erarbeitung zeitgenössischer Musik widmeten, im Einzelnen zwar qualitativ hervorragend, aber nicht effektiv und schlagkräftig genug für eine größere Öffentlichkeit. Meine Überlegung: Wenn man diese Kräfte bündelte, die Universität Mozarteum, die Internationale Stiftung Mozarteum – die unter ihrem Geschäftsführer Stephan Pauly zunehmend unkonventionelle Ideen der Programmgestaltung vertrat – oder das hervorragende Österreichische Ensemble für Neue Musik (oenm), könnte etwas gelingen, das die Salzburger Szene der Neuen Musik in breiteren Kreisen verankern würde. Gemeinsam wollten wir stark sein – und zudem noch den Kreis um andere Kunstgattungen und somit weitere lokale Kultureinrichtungen erweitern: etwa in Richtung Kunst und Film.

Die zweite Säule war das Programm. Das Entscheidende dabei: Ich wollte der Festspielstadt nicht noch ein weiteres Festival aufpfropfen. Es musste etwas Besonderes sein. So nahmen Überlegungen Gestalt an, zeitgenössische klassische Musik mit Musik anderer Kulturen zu verbinden. Das würde, nebenbei bemerkt, vielleicht nicht nur das obligate Fachpublikum für Neue Musik anziehen, sondern auch neue Hörerschichten. Das Konzept musste nun personalisiert werden. Es galt, vier Wochenenden im März 2009 mit spezifischen Programmen zu besetzen. So lud ich vier renommierte Komponisten ein, von denen ich wusste, dass sie sich intensiv mit anderen Musikkulturen beschäftigten: Beat Furrer, Steve Reich, Toshio Hosokawa und Klaus Huber, der zufällig auch der zweite Träger des hoch dotierten Musikpreises Salzburg war. Jeder dieser Komponisten sollte musikalische Wurzeln benennen, die für das jeweils eigene Schaffen eine Rolle spielten. Und so kam dann ein spannender Mix zustande.

Vergleichsweise wenig überraschend war, dass sich Toshio Hosokawa mit traditioneller japanischer Musik verbinden ließ. Auf der Hand lag auch, dass Klaus Huber ein ausgewiesener Kenner arabischer Musik ist. Steve Reich findet Korrespondenzen zwischen seiner Minimal Music und dem balinesischen Gamelan. Verblüfft war ich, als Beat Furrer mir den »Cante jondo«, den hochemotionalen tiefen Gesang Spaniens, die Seele des Flamenco, vorschlug. Das rührte daher, dass Furrer, dieser Meister feinster Klanggespinste, sehr viel in Spanien arbeitet und dort etwa freundschaftlich mit seinem Komponistenkollegen Mauricio Sotelo verkehrt, der selbst wiederum seine hispanischen Wurzeln pflegt.

Aus diesen Korrespondenzen entstanden also die Programme, denen ich den Übertitel »Wahlverwandtschaften« gab. Von der Idee bis zur Verwirklichung ergab sich dann doch weit mehr Arbeit, als ich gedacht hatte. Wir machten uns auf die Suche nach nichtkommerzialisierter »Folklore«, also nach ursprünglicher, authentischer Volksmusik. Klaus Huber konnte für sein Wochenende langjährige Verbindungen nutzen, aber ein balinesisches Gamelan-Orchester samt Tanzensemble exklusiv für die Salzburg Biennale einzufliegen und zu betreuen – das erforderte gewaltigen logistischen Aufwand. Uns wurde sogar vertraglich vorgegeben, welche Speisen die Musiker und Tänzerinnen bevorzugten, dass sie einen eigenen Koch benötigten, nicht einfach nur Asiatisch essen wollten. Das unglaubliche Erlebnis der Rituale und der laut und metallisch-bronzen aus dem Instrumentarium gehämmerten Klänge machte letztlich aber alle Mühen vergessen. Auf diese Weise ließen sich auch die bekannten Stücke von Steve Reich, »Different Trains« oder »Drumming«, neu und überraschend vital (wieder)hören. Speziell das Salzburger oenm, das oesterreichische ensemble für neue musik, wuchs an diesen Wochenenden über sich hinaus und lieferte eine Qualität, die sich mit den Besten seines Fachs messen kann. Dank der anwesenden internationalen Presse verbreitete sich diese Nachricht entsprechend in viele Länder.

Sehr erfreulich war die Offenheit, mit der Institutionen wie die dem zeitgenössischen Tanz seit jeher besonders intensiv verpflichtete »Szene« (die das Brüsseler Ensemble »Rosas« einlud) oder die Internationale Stiftung Mozarteum mitmachten. Die Stiftung hatte seit einigen Jahren schon eine ähnlich fächerübergreifende Initiative laufen, die sich »Dialoge« nennt und die nun den japanischen Teil der Salzburg Biennale in ihr Programm aufnahm.

Das Erfreulichste aber: Das Publikum nutzte das Angebot, kam in Scharen in die verschiedenen Veranstaltungsorte, und es herrschte Woche um Woche gespannte Neugier auf das, was als Nächstes kommen würde. Die Salzburg Biennale schien auf Anhieb zu einem ganz eigenen Festival geworden zu sein. Befürchtungen, nun würden auch noch die letzten freien Wochenenden mit Festivalitis infiziert, erwiesen sich als haltlos. Man kam, hörte, schaute, ließ sich verblüffen, ging mit und schuf so sofort eine unvergleichliche Atmosphäre. Ich habe mir das gewünscht, erhofft, erträumt. Dass es so glücken würde, war indessen ein wunderbares Geschenk.

Noch wird, während diese Erinnerungen niedergeschrieben werden, am Folgejahr der Biennale, 2011, gearbeitet. Die Wirtschaftskrise hat mittlerweile alle erfasst, die öffentlichen Kassen sind leer, große und kleine Kultureinrichtungen bangen um ihren Bestand. Wird die Idee gerettet werden können, wird es eine Salzburg Biennale 2011 geben? Ich werde mich jedenfalls definitiv zurückziehen, ich will diese letzte meiner vielen Aktivitäten in andere, jüngere Hände legen. Und hoffe, dass man fortführen kann, was ich beginnen durfte: dank der Hilfe der Politik, dank dem Wohlwollen aller, die daran mitarbeiten, und vor allem: dank dem Enthusiasmus unseres Publikums.

Ich bleibe weiterhin neugierig, bin gelassen und schließe mit einem schönen bayerischen Wortspiel: Schau ma mal, dann seh' ma schon …

Personenregister

Fotonachweis